应用语言学基础理论及其教学应用研究

张丽霞 / 著

武汉理工大学出版社
·武汉·

内容提要

本书是一本关于应用语言学理论与实践的学术类专著。本书不仅论述了应用语言学的内涵、特点、发展历程与核心领域如语言教育、语言规划、语篇分析、跨文化交际、语言传播等知识，还包含了心理语言学、社会语言学、语料库语言学、计算语言学、儿童语言学等近年来发展迅速的前沿领域，最后又探究了应用语言学在英语教学、对外汉语教学中的应用等内容。可见，应用语言学在现代社会中得到了广泛的使用，尤其是在英汉语教学中有着重要的意义，本书注重理论与实践相结合，并且结构合理、条理清晰、内容丰富新颖，是一本值得学习研究的著作。

图书在版编目（CIP）数据

应用语言学基础理论及其教学应用研究 / 张丽霞著.
武汉：武汉理工大学出版社，2024.6. -- ISBN 978-7-5629-7115-3

Ⅰ．H08

中国国家版本馆CIP数据核字第2024RB0964号

责任编辑：	余士龙
责任校对：张莉娟	排　　版：米　乐
出版发行：	武汉理工大学出版社
社　　址：	武汉市洪山区珞狮路122号
邮　　编：	430070
网　　址：	http://www.wutp.com.cn
经　　销：	各地新华书店
印　　刷：	北京亚吉飞数码科技有限公司
开　　本：	710×1000　1/16
印　　张：	14.75
字　　数：	234千字
版　　次：	2025年3月第1版
印　　次：	2025年3月第1次印刷
定　　价：	90.00元

凡购本书，如有缺页、倒页、脱页等印装质量问题，请向出版社发行部调换。
本社购书热线电话：027-87391631　87664138　87523148

·版权所有，盗版必究·

前　言

应用语言学作为语言学的一个分支，致力于运用语言学的知识来解决其他学科领域中与语言相关的问题。该学科主要围绕三个层次展开研究：首先，从学习者的视角，研究学习者的特性、学习规律及个性差异；其次，从实践的角度，探讨教学实施的方法；最后，从方法论的视角，研究应用语言学的教学方法和手段。近年来，应用语言学研究日益强调跨学科、多学科整合，呈现出多层次、多方位的研究趋势。应用语言学研究方法具有显著的跨学科和多学科整合的特点，同时，语料库方法、计算机技术等新兴技术手段也已融入应用语言学研究，使得研究方法日趋多样化。

近年来，应用语言学研究将教学实践活动与其他学科有机结合，呈现出多元化、多层次研究的态势，为各学科发展提供了新的研究方向。在我国高校教学中，英语课程至关重要。当前社会对大学生的英语应用能力和实践能力提出了更高要求。培养大学生的英语基础理论与实践能力，是高校英语教学的重要职责。为适应现代社会人才培养标准，高校应深入推进英语教学改革，提升英语教学效率。

应用语言学立足于理论与方法，对语言进行深入分析与探究，挖掘语言中所蕴含的优质资源，提升语言运用的科学性和合理性。应用语言学的研究核心并非单一的理论知识，而是更注重语言的实际运用。应用语言学具有显著的特点，包括独立性、实验性和综合性。鉴于此，笔者撰写了本书，旨在解决当前英语教学中的实际问题，激发学生学习的主观能动性。

在内容编排上，本书共设置九章。前面四章主要分析语言的应用研究与应用语言学的基础理论，涉及应用语言学的定义、特点、发展历程、研究方法、核心领域与跨学科领域。第五章转换视角，将应用语言学与语言教学相结合，分析二者的关系与二者结合的意义。第六章至第九章承接第五章，对应用语言学指导下的英语知识教学、技能教学、跨文化教学、教学测试与评价展开具体分析和研究。总之，本书的主旨在于阐述应用语言学核心理论及其在英语教育领域的实践与运用。全书结构严谨、论述明晰、理论与实践相结合，为构建英语教学体系奠定了坚实的理论基石，展现了较强的系统性与时效性。此外，本书针对性强、适用范围广，旨在培养学生发现问题、解决问题的能力，对我国英语教育一线工作者具有很高的学习与参考价值。

在撰写本书的过程中，笔者得到了多位专家学者的悉心指导与鼎力支持，在此表示真挚的谢意。由于内容较多且篇幅有限，尽管主观上尽了最大努力，但书中难免存在疏漏之处，希望各位读者提出宝贵意见。

山西旅游职业学院　张丽霞

2024年1月

目 录

第一章　语言与应用　　　　　　　　　　　　　　　　1

　　第一节　语言与语言学的内涵　　　　　　　　　　2
　　第二节　语言的应用研究　　　　　　　　　　　　13

第二章　应用语言学概述　　　　　　　　　　　　　　17

　　第一节　应用语言学的定义与特点　　　　　　　　18
　　第二节　应用语言学的发展历程　　　　　　　　　21
　　第三节　应用语言学的研究方法　　　　　　　　　32

第三章　应用语言学的核心领域　　　　　　　　　　　43

　　第一节　语言规划　　　　　　　　　　　　　　　44
　　第二节　语篇分析　　　　　　　　　　　　　　　47
　　第三节　话语分析　　　　　　　　　　　　　　　55
　　第四节　跨文化交际　　　　　　　　　　　　　　61
　　第五节　语言传播　　　　　　　　　　　　　　　67

第四章　应用语言学的跨学科领域　　　　　　　　　　69

　　第一节　心理语言学　　　　　　　　　　　　　　70

第二节	社会语言学	73
第三节	语料库语言学	77
第四节	文化语言学	79
第五节	儿童语言学	82
第六节	数理语言学	88
第七节	计算语言学	90

第五章　应用语言学与语言教学　　97

第一节	语言教学与语言习得	98
第二节	应用语言学与语言教学的关系	114
第三节	应用语言学对语言教学的指导意义	120

第六章　应用语言学指导下的英语知识教学研究　　125

| 第一节 | 应用语言学指导下的英语词汇教学 | 126 |
| 第二节 | 应用语言学指导下的英语语法教学 | 132 |

第七章　应用语言学指导下的英语技能教学研究　　145

第一节	应用语言学指导下的英语听力教学	146
第二节	应用语言学指导下的英语口语教学	149
第三节	应用语言学指导下的英语阅读教学	154
第四节	应用语言学指导下的英语写作教学	162
第五节	应用语言学指导下的英语翻译教学	169

第八章　应用语言学指导下的跨文化教学研究　　175

| 第一节 | 文化与跨文化教学 | 176 |
| 第二节 | 应用语言学视域下英语跨文化教学的原则 | 186 |

  第三节　应用语言学视域下英语跨文化教学的方法　　189

第九章　应用语言学视域下的英语教学评价研究　　199

  第一节　教学测试与教学评价　　200
  第二节　应用语言学视域下英语教学评价的原则　　201
  第三节　应用语言学视域下英语教学评价的方法　　204

参考文献　　220

第一章 语言与应用

　　语言是人类文明发展的基石，它不仅是人际交流的工具，更是思维表达的载体。随着科技的进步和社会的发展，语言应用的范围不断扩大，其重要性日益凸显。语言与应用之间存在密切的内在联系，它们在相互作用、相互影响中不断发展。语言是应用的基础，应用是语言发展的动力。只有不断提高语言能力，才能更好地应对应用领域的挑战，实现个人和国家的全面发展。因此，我们要重视语言学习，积极探索语言与应用的协同发展，为提高我国的国际竞争力贡献力量。本章作为开篇，首先对语言、语言学以及语言的应用研究展开概述。

第一节 语言与语言学的内涵

一、语言理论阐释

(一) 语言的界定

语言是什么？这一直是语言研究学界探索的核心议题。这个问题的探讨不仅具有深远的意义，更对我们理解语言的本质，以及它在人类社会中的作用有着决定性的影响。正是由于"语言"这一概念的界定对于诸多语言相关问题至关重要，所以我们需要深入研究这个问题，从而更好地为后续的探索打下坚实的基础。在国内外学术界，语言的概念并没有一个统一的定义。学者们各抒己见，提出了许多具有独到见解的观点。然而，不论他们有何分歧，他们都承认，语言是我们交流、沟通的主要工具，是我们表达思想、情感的方式。语言不仅是我们人类所独有的，也是我们与动物界区分开来的重要标志。因此，语言不仅是人类社会的产物，更是人类文明发展的重要驱动力。总之，对语言的定义与理解直接影响了我们对其功能、特点、研究范围、研究目标以及研究方法的理解和掌握。因此，对"语言是什么"这一问题的深入探讨，对于语言研究学界来说至关重要。

列宁（Lenin）强调，语言是人们进行交流和沟通的主要手段。[1]这句话深刻地揭示了语言的本质。语言不仅仅是表达思想的工具，更是人们交流思想、传递信息、建立关系的基础。无论是口头语言还是书面语言，都是人类社会不可或缺的一部分。没有语言，人类将无法进行有效的沟通，无法表达自己的想法和感受，也无法理解他人的思想和需求。因此，我们应该珍惜语言这个重要的交流工具，不断提高自己的语言表达能力，以便更好地与他人

---

[1] 列宁.论民族自决权[M].北京：人民出版社，1916：822.

交流和沟通。

斯大林（Stalin）曾明确指出，语言作为人们相互交流和沟通的工具，承担着传递思想和促进相互理解的重要使命。通过语言，人们能够进行有效的沟通，建立和维护社会关系，并实现信息的传递和知识的传承。因此，语言在人类社会中发挥着至关重要的作用。①

缪勒（Muller）曾指出，动物与人类之间最大的差异与障碍在于语言方面，人类具备说话的能力，而动物则未能发展出语言表达的能力。这一观点强调了语言在区分人类与其他动物方面的核心作用。②

施莱赫尔（Schleicher）强调，语言是一种遵循特定规律自然形成的天然有机体，并非受人类意志所控制。他进一步指出，语言会随着时间的推移而衰老或消亡。③

惠特尼（Whitney）强调，语言作为人类独有的文化要素，具有不可或缺的重要性。它不仅是获得知识的工具，更是人类进行交际的直接动因。这一特性使得语言在所有表达手段中独树一帜，其决定性作用在于交际。④

刘易斯（Lewis）则从另一个角度阐述，语言不仅仅是一种沟通方式，更是人们生活中不可或缺的重要行为方式。⑤

本福尼斯特（Benveniste）深入剖析了语言的系统性质。他指出，语言作为一个系统，其意义与功能是由结构所赋予的。正是由于语言按照编码规则有系统地组织起来，交际才能无限制地进行。⑥

---

① 斯大林.马克思主义与语言学问题[M].北京：人民出版社，1953：20.

② Muller, Friendrich Max. Lectures on the Science of Language[A]. The Origin of Language[C]. Roy Harris. Bristol：Thoemmes Press，1861：14.

③ Schleicher A. Die Darwinsche Theorie und Die Sprachwissenschaft[M]. London：Hotten, 1863：20-21.

④ Whitney W D. Nature and Origin of Language[A]. The Origin of Language[C]. Bristol：Thoemmes Press，1875：291.

⑤ Lewis M M. Infant Speech: a Study of the Beginnings of Lanuage[M]. London: Kegan Paul, 1936：5.

⑥ Benveniste, Emile. Problems in General Linguistics[M]. Coral Gables：University of Miami Press, 1966：21.

尽管不同的学者对语言的表述方式存在差异，且在某些层面上也有所出入，但有一点是毋庸置疑的：语言作为人类所特有的属性，是我们与动物区分开来的根本标志。

（二）语言的本质特征

语言，作为一种社会现象，不仅具有独特的性质和特点，更是人类社会不可或缺的一部分。

1. 语言是人类最重要的交际工具

语言是人类最重要的交际工具，它的产生和发展源于社会交际的需要。在人类社会中，语言扮演着至关重要的角色。无论是表达思想、传递信息，还是建立关系、沟通情感，语言都是必不可少的工具。它的出现使人类能够更好地交流和协作，推动社会的进步和发展。

语言是社会全体成员共同使用的工具，每个人都可以通过语言来表达自己的思想、情感和需求。语言是人类思维和认知的重要载体，它反映了人类社会的文化、历史和价值观。不同语言的形成和发展，也反映了不同民族的文化特点和地域特色。

为了更好地发挥语言的作用，人们需要不断学习和掌握各种语言技能。在教育领域，语言教育占据着非常重要的地位。通过系统的语言教育，人们可以培养良好的语言素养，提高语言表达和沟通能力。同时，语言教育也需要不断改革和创新，以适应社会发展的需要。

总之，语言是人类社会不可或缺的交际工具。它的产生和发展源于社会交际的需要，而它的作用和价值也在不断地被人们所认识和发掘。在未来的社会发展中，语言将继续发挥重要的作用，为人类社会的进步和发展作出更大的贡献。

2. 语言是一个音义结合的符号系统

语言是一个神奇且复杂的符号系统，它是由音和义结合而成的。语音和语义在语言中相辅相成，它们彼此依赖，共同构成了语言的完整性和功能性。语音是语言的物质外壳，它赋予语言以声音的形式，使得语言能够被人们口头表达和传播；而语义则是语言符号的意义内容，它使得语言具有了传达信息和表达思想的能力。

语音和语义的结合，使得语言成为一种有效的交际工具。语音使得语言能够被人们口头表达和传播，而语义则使得语言具有了传达信息和表达思想的功能。这种结合使得人们能够通过语言进行交流和沟通，从而促进了人类社会的进步和发展。

语音和语义在语言中的关系是密不可分的。语音是语言的物质外壳，它是语言的载体，而语义则是语言符号的意义内容。语音和语义的结合使得语言成为一种有意义的符号系统，它能够被人们理解和接受，并成为人们交流和沟通的重要工具。

在语言学的研究中，语音和语义一直是被关注的重点。语音学是研究语音的学科，它主要研究语音的产生、传播和感知等问题。而语义学则是研究语言符号的意义的学科，它主要研究词语、短语和句子的意义以及它们之间的关系。通过对语音和语义的研究，我们可以更好地理解语言的本质和功能，并进一步推动语言学的发展。

通过对语音和语义的研究，我们可以更好地理解语言的本质和功能，并进一步推动语言学的发展。

3. 语言是一种思维活动

语言，作为人类交流的重要工具，不仅仅是表达和沟通的手段，它更是一种思维活动。语言是思维的载体和表现形式。思维的过程，无论是概念的形成、推理的进行还是判断的作出，都需要借助语言来实现。语言为思维提供了符号系统，使思维能够以概念、判断、推理等形式进行。同时，语言的结构和规则也深刻地影响着思维的方式和过程。例如，不同的语言对时间和空间的概念表达方式不同，这也会影响人们对这些概念的思维方式。

反过来，思维则是语言的本质和核心。语言之所以能够产生和发展，其背后的推动力是人类的思维。没有思维的创造力，语言也不会有如此丰富的内涵和表现形式。思维的深入和发展也推动了语言的不断演进和变革。例如，随着科学技术的不断发展，人们对于自然界的认识也在不断深化，这导致了大量新词汇和新概念的产生，推动了语言的发展和变革。

因此，语言和思维是密不可分的。它们相互依存、相互影响，共同构成了人类智慧的两大基石。在教育和学习的过程中，我们不仅要注重语言的训练,更要注重思维的培养。只有这样,我们才能真正掌握语言的精髓,发挥出人类智慧的无穷潜力。

4. 语言是文化的载体

语言是人类社会中不可或缺的文化传承工具,它承载着人类历史和文化的精髓。语言不仅是人类沟通的工具,更是文化的重要组成部分,它代表着不同的文化背景和思维方式。语言的学习和使用过程,实际上就是对文化的理解和传承过程。

语言是文化的载体,不同的语言有着不同的文化内涵和表达方式。例如,中文的语境注重含蓄和意蕴,而英文则更注重逻辑和表达的清晰性。在学习不同语言的过程中,我们不仅能了解不同的语言表达方式,更能深入理解不同文化的特点和思维方式。

语言的学习和使用也是对文化传承的实践。通过学习语言,我们能更好地了解和传承本民族的文化传统,同时也能更好地理解和尊重其他民族的文化。语言是文化交流的重要桥梁,语言的学习和使用可以更好地促进不同文化之间的交流和理解。

此外,语言也是人类创造力的源泉。语言的丰富多样性和表达方式的创新性,为人类的思维和创造力提供了广阔的空间。语言的不断发展与创新,也是人类文明进步的重要推动力。

综上所述,语言不仅是人类社会的文化传承工具,更是文化的重要组成部分。通过学习语言和使用语言,我们可以更好地理解和传承文化,促进不同文化之间的交流和理解,同时也可以激发我们的创造力并推动人类文明的进步。

5. 语言具有特殊的生理基础

生理基础是语言发展的关键要素之一。语言作为人类特有的功能,具有特殊的生理基础。大脑是语言功能的物质载体,而语言器官则是大脑中负责语言处理的区域。基因作为大脑语言器官的载体,对语言的产生和发展起着至关重要的作用。

语言器官是一个高度复杂的系统,它包括发音器官、听觉器官和语言中枢等部分。这些器官在人类进化过程中逐渐发展和完善,形成了人类特有的生物特征。语言器官的发育和成熟需要经过一系列复杂的生理过程,包括基因表达、蛋白质合成和神经元连接等。这些过程受到多种因素的影响，如遗传因素、环境因素和个体差异等。

大脑皮层是语言处理的核心区域，它负责语言的感知、理解和生成。大脑皮层上的语言中枢是人类特有的生物禀赋之一，它们通过复杂的神经网络与发音和听觉等语言器官相互连接。这些神经网络的发育和功能发挥受到基因和环境等多种因素的影响。

基因对语言的影响主要表现在对语言器官发育和功能发挥的调控上。一些基因与语言相关疾病的发病风险有关，如语言障碍、失语症等。此外，基因还影响个体的语言能力和智力等方面的差异。这些基因通过不同的机制影响语言的发展和功能发挥，进一步揭示了语言的生物学基础和个体差异的根源。

总之，语言的生理基础是一个复杂而多元的系统，它涉及多个器官、基因和环境因素等方面的相互作用。为了更好地理解语言的本质和发展，我们需要深入研究大脑的语言中枢和相关基因，同时关注环境因素和个体差异对语言的影响。只有这样，我们才能全面揭示语言的生物学基础，为语言学、神经科学和医学等领域的发展提供有力的支持。

6. 语言具有能产性或创造性

语言的另一重要特性是其能产性和创造性。语言不仅仅是一种交流工具，更是人类智慧和精神的重要载体。语言的生命在于使用，只有在交流和表达中，语言才能发挥其真正的价值。而语言的创造性则体现在不断发展和变化的语言活动中。无论是讲话还是写作，都需要使用者的再创造和发挥。

语言的创造性不仅体现在词汇和语法的运用上，更体现在语言的表达方式和思想内容的创新上。一个优秀的讲话者或作家，不仅能够准确地表达自己的思想，还能够通过独特的语言表达方式吸引听众或读者的注意力。正是这种创造性，使得语言能够不断地推陈出新，与时俱进。

语言的创造性也是推动语言发展的内在动力。随着社会的发展和人类文明的进步，语言也在不断地演变和发展。从古至今，语言经历了多次的变革和创新，才形成了今天的语言体系。而这种变革和创新，正是语言的创造性的体现。

此外，语言的创造性还体现在其对人类智慧和精神的影响上。语言不仅是人类智慧的结晶，更是人类精神的寄托。通过语言，人们可以表达自己的思想、情感和价值观，也可以传承人类的文化和历史。正是这种影响，使得语言成为人类文明的重要组成部分。

总之，语言的能产性和创造性是语言的生命力所在。只有通过不断地创新和发展，语言才能保持其活力和价值。我们应该珍视和发挥语言的创造性，让它成为我们与世界沟通的重要工具。

综上所述，语言的本质特征是多方面的，包括交际功能、符号系统、思维活动、文化载体、特殊的生理基础，以及能产性或创造性等。这些特征共同构成了语言的丰富内涵和独特魅力，使得语言成为人类社会不可或缺的重要元素。

二、语言学理论阐释

（一）语言学的界定

对于语言学的界定，学者廖美珍在《语言学教程（修订版）精读精解》中进行了深入的探讨和解释。他认为，语言学是一门研究人类语言的学科，旨在揭示语言的本质、特点和规律。在廖美珍的界定中，语言学的研究范围非常广泛，包括语言的语音、语法、词汇、语义、语用等方面，以及语言与社会、文化、心理等方面的关系。[1]

语言学的研究具有非常重要的意义。首先，语言是人类文明的重要组成部分，是人们交流思想、传递信息的重要工具。通过对语言的研究，我们可以更深入地了解人类文明的演进和发展。其次，语言学的研究对于语言教育、翻译、文学、新闻等领域也有着重要的指导意义。通过对语言本质和规律的认识，我们可以更好地指导语言学习和教学，提高语言应用的准确性和

---

[1] 廖美珍.语言学教程（修订版）精读精解[M].成都：西南交通大学出版社，2009：14.

效率。

在廖美珍的界定中，语言学的研究方法也是多种多样的。其中包括内省法、归纳法、演绎法、比较法和结构分析法等。这些方法各有优缺点，需要根据具体的研究对象和研究目的进行选择。同时，语言学也需要借助其他学科的方法和技术，如心理学、社会学、计算机科学等，以更全面地揭示语言的本质和规律。

总之，学者廖美珍在《语言学教程（修订版）精读精解》中对语言学的界定是全面而深刻的。他认为，语言学是一门研究人类语言的学科，旨在揭示语言的本质、特点和规律。通过研究语言学，我们可以更深入地了解人类文明的发展，更好地指导语言学习和教学，提高语言应用的准确性和效率。同时，语言学也需要借助其他学科的方法和技术，以更全面地揭示语言的本质和规律。

关于语言学是不是一门科学的问题，历史上确实存在过争议，尤其是在语言学刚刚起步的时期。然而，随着时间的推移，现代语言学已经逐渐被广泛接受并被公认为一门独立的学科，展现出其深远的研究潜力和价值。

语言学之所以能够被确立为一门学科，是因为它具备了科学研究所必需的理论体系和方法论。语言学不仅关注语言本身的内在规律，还探索语言与人类认知、社会文化等方面的关系。在微观层面上，语言学涵盖了语音学、音系学、语义学、词汇学、形态学、句法学和语用学等领域，深入探究语言的内部结构和变化规律。在宏观层面上，语言学进一步扩展到认知语言学、社会语言学和文化语言学等领域，将语言置于更广阔的背景中进行研究。

这些分支领域为语言学提供了丰富的理论支撑和实践指导。例如，语音学和音系学关注语言的发音和音韵系统，为语音合成、语音识别等技术提供了基础。语义学和词汇学研究词汇的含义和用法，对于自然语言处理、机器翻译等领域具有重要意义。形态学和句法学则关注语言的语法结构和规则，为自然语言理解和生成提供了关键支持。而语用学则探讨语言在交际中的作用，对于跨文化交流和跨语言翻译等方面具有指导作用。

此外，语言学的科学性还体现在其研究的实证性和可重复性。通过观察、实验和分析等方法，语言学家可以验证和证实或证伪各种理论和假设。

同时，语言学的成果可以为其他领域提供借鉴和参考，进一步推动相关领域的发展。

综上所述，语言学已经具备了作为一门科学的所有要素：独立的理论体系、方法论、分支领域以及实证性和可重复性的研究方法。因此，我们可以肯定地说，语言学是一门科学。

（二）语言学中的一些概念

在语言学领域，存在许多核心概念，这些概念对于理解语言学理论至关重要。

1. 语言与言语

在言语活动中，语言（Langue）和言语（Parole）这两个术语有着截然不同的定义和特点。人们通过语言的运用来传达信息和交流思想。语言提供了一种共有的沟通基础，使得人们能够理解和被理解。而言语则是个体在特定语境下的表达方式，它可能因个人的习惯、情感、文化背景等因素而有所不同。这种差异性使得言语在实际运用中具有了丰富的表现力和个人特色。

除了在社会交往中的作用外，语言与言语还在个体认知过程中扮演着重要的角色。语言作为思维和表达的工具，为个体提供了认知世界的基础。而言语则是个人在认知过程中对语言的实际运用，它反映了个人对世界的理解和感知方式。这种理解和感知方式可能因个体的经验和背景而有所不同。

此外，对于语言学研究来说，明确语言与言语的对立关系至关重要。语言学研究的核心在于探究语言的本质、结构和规则，而言语则是实际运用中的表现形式。通过对语言的深入研究，我们可以更好地理解言语的运用和发展；反之亦然。这种相互促进的关系有助于推动语言学研究的深入发展。

综上所述，语言与言语的对立关系不仅是索绪尔语言学理论的核心内容之一，而且在实际运用和研究中具有重要的意义。通过明确这一对立关系，我们可以更全面地理解语言的本质和功能，更好地探究人类交流和认知的过程。这对于深化我们对语言的认知、推动语言学研究的发展以及提高我们的交流能力都具有重要的意义。

2. 描写与规定

许多学者也对描写式和规定式的区别进行了深入的探讨。传统语法学派强调语言学的规定性，要求学习者背诵固定的语法规则并按照规则进行翻译和写作。然而，现代语言学派则更加强调语言学的描写性，认为语言的实际运用比规则和规范更加重要。在判断语法正确性的问题上，现代语言学派认为单纯的逻辑和语法规则很难确定，必须依靠实际的语境和运用来判断。

尽管现代语言学派强调语言的实际运用，但这并不意味着逻辑或语法规则不重要。事实上，描写式语言学和规定式语言学各有其价值和意义。描写式语言学能够揭示语言的真实运用和规律，帮助人们更好地理解和使用语言；而规定式语言学则可以为语言使用者提供正确的语言规范和标准，确保语言的准确性和规范性。

在实践中，描写式语言学和规定式语言学的区别也体现在不同的语言学研究和应用领域中。例如，在语音识别、自然语言处理等领域中，描写式语言学的方法更加适用；而在外语教学、文学批评等领域中，规定式语言学的价值则更加凸显。

综上所述，语言学作为一门学科，既有描写性的一面，也有规定性的一面。描写式语言学和规定式语言学各有其优缺点和应用价值，不能简单地说哪一种更好或更重要。在不同的研究领域和应用场景中，需要根据实际情况选择合适的研究方法和应用策略。

3. 共时与历时

在语言学领域，我们有一个基本的认知：语言既是共时的，也是历时的。共时性强调语言的静态，而历时性则关注语言的演化过程。在语言学研究中，共时和历时是两种基本的研究视角，它们共同构成了语言研究的二维性，如图1-1所示。

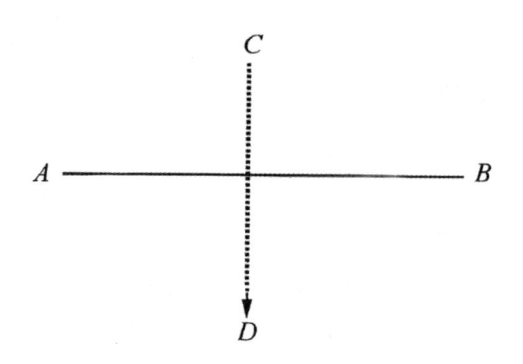

图1-1 语言的二维性：共时与历时

共时轴线和历时轴线是语言学中的两个重要概念，它们分别代表着语言的不同方面。共时轴线，即从A到B的轴线，表现了语言的当前状态，展示了语言成分在同一时点的存在和相互关系。在这个轴线上，语言成分按照上下左右的关系组合成一个系统，呈现出语言的一种静态构造。

而历时轴线，即从C到D的轴线，则记录了语言的演变过程。它追踪了语言成分的历史变化，展示了语言在时间上的延续和发展。历时语言学主要研究的就是语言系统的变迁，探索语言成分是如何随着时间的推移而发生变化的。

4. 语言能力与语言运用

20世纪50年代，美国语言学界的巨擘乔姆斯基，在其里程碑式的著作《句法理论面面观》中，对语言能力（Competence）与语言运用（Performance）进行了细致的区分。这两个概念在语言学领域中具有深远的影响，对于理解语言的本质和功能至关重要。

首先，乔姆斯基强调了语言能力的核心在于个体所拥有的关于语言规则层面的内在知识。这是一种潜在的能力，使得语言使用者能够在不依赖外部环境的情况下，理解和生成合乎语法的句子。这种能力是稳定的，因为它基于一套固定的语法规则和结构。

相对而言，语言运用更侧重于这种内在知识在实际交际中的具体展现。语言运用具有偶然性或突发性，因为在实际交流中，各种因素如语境、说话者的意图、听话者的理解等都会影响语言的实际运用。尽管语言运用受到诸多外部因素的影响，但其始终根植于语言能力的基础之上。

此外，乔姆斯基还指出，语言能力是可以被研究的，通过对理想的语言使用者的深入剖析，语言学家可以揭示其内在的语言规则和结构。然而，语言运用却难以被深入研究，因为在实际交流中，诸多外部因素使得具体的运用变得复杂且多变。

乔姆斯基的观点对于语言学研究具有重要的指导意义。在他看来，语言学家的任务是探索和揭示理想的语言使用者的内在语言能力，而非过多关注实际的语言运用。这种研究取向有助于深化我们对语言内在规则和结构的理解。

在乔姆斯基的理论中，语言运用水平在很大程度上取决于个体语言能力的强弱，因为良好的语言能力有助于人们在交流中作出准确的判断和理解。此外，诸如情绪、心理状态、社会环境等其他心理及社会因素也会对语言运用产生影响。

综上所述，乔姆斯基对语言能力与语言运用的区分为我们提供了一个独特的视角来理解语言的本质和功能。这一理论框架不仅深化了我们对个体内在语言能力的认识，还揭示了实际交流中语言运用的复杂性和动态性。通过进一步研究这两个概念的关系和互动，我们可以更全面地揭示语言的奥秘，推动语言学研究的深入发展。

第二节　语言的应用研究

一、语言应用研究可以提高语言交际职能

在人类社会中，我们常用的交际手段有口头交流和书面表达。在这两者之间，口头交流是最初的交流方式。随着文字的出现，书面表达逐渐发展起来。这种发展不仅扩大了语言的应用范围，而且具有深远的意义。

从表现形式上讲，这种演变催生了不同语体的产生。这使得我们能够根据不同的情境和需求，选择最恰当的表达方式。无论是正式的、非正式的，还是其他的语体，都使得我们的交流更加丰富和灵活。

从时间的角度来看，语言的应用得以传承。通过书面表达，我们可以记录历史、传承文化，使得前人的智慧结晶得以保存并传递给后代。这种传承不仅让我们的文化更加丰富多彩，也为我们提供了宝贵的学习资源。

从空间的角度来看，语言的应用得以传播得更远。无论是国内还是国际，书面表达都成为信息传递的重要手段。它突破了地域的限制，使得知识和信息得以在全球范围内传播。这种传播不仅促进了不同地区之间的交流和理解，也推动了世界各地的发展和进步。

总之，语言应用范围的扩大不仅丰富了我们的表达方式，还为我们的文化传承、信息传递提供了重要的支持。因此，对语言应用的研究显得尤为重要。同时，随着科技的不断发展，我们相信语言的应用范围还将继续扩大，为人类社会的交流和发展作出更大的贡献。

二、语言应用研究可以提高语言教学能力

开展语言应用研究是促进语言教学革新的重要途径，从而进一步提升语言教学的水平。长期以来，我国的二语教学过度关注阅读与写作能力的培养，教学模式也主要停留在课堂听讲与课下背诵的阶段。然而，除了传统的阅读与写作能力外，口头表达能力的培养也至关重要。因此，我们有必要进行更多的语言应用研究，以推动语言教学的进步，使其更加符合当今社会的发展需求。

三、语言应用研究可以促进语言研究本身的进步

语言在当今社会的角色日益重要，它不仅是人际交流的基本工具，也是推动科技发展和社会一体化进程的关键因素。因此，对语言进行深入的应用研究显得尤为重要。这需要我们从多个视角出发，探索语言的本质和规律。

首先，提升语言交际能力是现代社会对个体素质的基本要求。在全球化的背景下，人们需要具备跨文化交际的能力，以应对日益多样化的社会环境。通过对语言的应用研究，我们可以更好地理解语言背后的文化内涵和交际策略，从而提高语言表达的准确性和有效性。

其次，提升语言教学能力是教育改革的重要方向。随着我国教育事业的发展，越来越多的教师需要掌握先进的教育理念和方法，以满足不同年龄段和文化背景的学生需求。通过对语言教学的应用研究，我们可以探索出更加符合实际教学需求的教学模式，提高教学质量。

再次，语言是科技创新的重要载体。在人工智能、自然语言处理等领域，研究者需要深入探讨语言的结构、规律和生成机制，以实现人机交互的智能化和自然化。通过对语言的应用研究，我们可以推动科技的发展，为人类创造更多便利。

最后，语言在社会一体化进程中发挥着重要作用。随着经济全球化的加速，各国之间的交流与合作日益密切，语言成为沟通的桥梁。通过对语言的应用研究，我们可以更好地了解不同国家和地区的文化特点，促进国际的友好合作。

在实际研究中，研究者需要不断创新研究方法和研究工具。例如，如何利用专业仪器对语言进行深入分析，如何运用计算机技术处理大规模语料，如何提高广告语的吸引力，如何评估语言教学的质量等。这些问题的探讨有助于我们更深入地理解语言的本质，从而推动语言研究的进步。

总之，对语言进行应用研究具有重要的现实意义。通过不断创新研究方法和研究工具，我们可以更好地发挥语言在交际、教学、科技和社会一体化等方面的作用，推动我国语言研究的全面发展。在新的历史条件下，我们应当高度重视语言研究，为建设社会主义现代化国家贡献力量。

第二章 应用语言学概述

应用语言学是一门研究范围广泛的学科，它有实验性、科学性、独立性和导向性的特点，致力于探讨人类语言的使用现象。这一学科并非孤立存在，而是与其他相关领域紧密相连，如语言学、教育学、心理学等。应用语言学旨在研究语言在实际应用中的规律和特点，从而为语言教学、语言学习以及语言政策的制定提供理论依据和实践指导。

作为一门独立的学科，应用语言学在全球范围内得到了广泛的关注和重视。在我国，随着经济的发展和社会的进步，人们对应用语言学的研究热情日益高涨。为了满足这一需求，许多高校和研究机构纷纷设立了应用语言学相关专业和研究方向，培养了一批又一批应用语言学人才。

本章旨在向读者介绍应用语言学的基本概念、研究方法和发展历程，帮助大家从整体上把握这一学科。通过对应用语言学的系统学习，读者将更好地理解语言的本质和功能，为后续章节的学习奠定坚实的基础。在接下来的章节中，我们将深入探讨应用语言学的核心研究领域，如语言教学、语言测试、二语习得、语言政策等。这些领域不仅是应用语言学的重要组成部分，也是当前国内外语言教育改革和发展的热点。通过对这些领域的学习，我们可以更加全面地了解应用语言学的实际应用和价值，为我国的语言事业作出更大的贡献。

第一节　应用语言学的定义与特点

一、应用语言学的定义

应用语言学（Applied Linguistics）是一门涵盖广泛、极具实用性的学科，它将语言学知识运用到各个领域，以解决实际问题。应用语言学的主要研究领域包括语言教学、翻译、口译、语言康复、语言政策等。在我国，随着教育事业的发展和对英语学习的重视，应用语言学也逐渐成为一门备受关注的学科。

广义上的应用语言学，特别是语言教学领域，包括了语法、语音、词汇、阅读、写作、听说等多方面的教学内容。语言学家们研究如何提高语言学习的效率，优化教学方法，为教师和学生提供切实可行的指导。此外，应用语言学还关注跨文化交际、二语习得、语言测试等领域，以促进全球范围内的语言交流和理解。

然而，应用语言学的定义并非一成不变。由于涉及领域众多，对这门学科的规范定义颇具挑战。最初，英、美等国家通过建立应用语言学专业或学院，推广英语学习及教学，因此部分学者对应用语言学的理解局限于狭义的范畴。如威多森（Widdowson，1990）所言，应用语言学是"在语言与学习领域中，探讨、研究教学原则的形成和如何有效地进行教学实践的活动或过程"。

随着应用语言学研究的深入，越来越多的学者开始关注其广义范畴。例如，语言学家霍金斯（Hawkins，1981）认为，应用语言学应包括"语言学知识在实际生活中的应用，以及如何将这些知识应用于语言教学和其他相关领域"。这一观点强调了应用语言学的实用性和跨学科性。

在我国，应用语言学的发展日益成熟。众多学者致力于研究英语教学、对外汉语教学、少数民族语言教学等领域，为我国语言教育事业发展作出了巨大贡献。随着全球化的推进，应用语言学在国际的交流与合作也日益增多，为世界各地的语言学习者提供了更多机会和资源。

总之，应用语言学是一门极具活力的学科，它涉及众多领域，与现实生活紧密相连。从狭义上的语言教学，到广义上的跨学科应用，应用语言学不断发展、演变，为世界各地的语言学习者和教育者提供了宝贵的理论支持和实践指导。随着我国教育事业的发展和国际化进程的推进，应用语言学在国内的研究和应用将更加广泛，为提升国民素质和国际竞争力贡献力量。[①]

二、应用语言学的特点

（一）独立性

应用语言学是一门独具特色的学科。首先，从狭义的语言教学与广义的学科分支角度来看，应用语言学已具备了明确的研究对象；其次，社会实际需求是其产生与发展的核心驱动力。因此，在发展过程中，该学科面临着诸多具有极高价值的待解决问题；再次，应用语言学在借鉴理论语言学、心理语言学、社会语言学、教育学等学科成果的基础上，已形成了自身独特的理论与方法体系。综合以上三个方面，应用语言学满足了作为独立学科的基本条件，即研究对象、目标、意义及方法。

（二）系统性

应用语言学是一门多元化的学科，它涵盖了众多要素。随着教育事业的发展和国际化进程的加快，应用语言学的研究和实践越来越受到重视。教育部门和相关机构积极推动应用语言学的研究，以提高外语教育质量，培养具有国际竞争力的外语人才。此外，应用语言学的研究成果也在不断应用于不

---

① 刘涌泉，乔毅.应用语言学[M].上海：上海外语教育出版社，1991：45.

同语言教学中,如英语、日语、法语等。

总之,应用语言学涉及多个层面,包括语言理论、教学法、语言测试等,这些要素相互关联,共同构成了应用语言学的完整体系。作为一门动态发展的学科,应用语言学在国内外得到了广泛认可。在今后的发展过程中,应用语言学将继续拓展研究领域,深化研究内容,以期为我国外语教育事业作出更大的贡献。

(三)综合性

语言学,作为一门历史悠久且不断发展的学科,其研究领域和影响力早已超越了单一学科的范畴。在人类文明的发展过程中,语言学与众多学科建立了深厚的联系,形成了交叉研究的基础。本节将对这些联系进行详细阐述,以展示语言学的综合性与广泛应用性。

首先,在古代,语言学曾是哲学的一个重要分支。哲学家们对语言本质的探讨,如语言与现实的关系、语言对思维的表达等,为语言学的发展奠定了基础。时至今日,语言学依然与哲学保持着紧密的联系,哲学家们继续关注语言在认知、表达和沟通中的作用,而语言学家则通过对语言的结构、功能和变化的研究,为哲学提供了理论支持和实践指导。

其次,语言学与历史学、文学等人文学科的关系同样密切。历史学家借助语言学研究成果,可以更准确地解读历史文献,了解历史真相。文学研究者则通过分析文学作品中的语言现象,深入探讨作家创作意图和作品内涵。此外,逻辑学、心理学和社会学等学科也都在不同程度上与语言学相互交融。例如,逻辑学关注语言的推理和表达能力,心理学研究语言习得和使用的心理过程,社会学则关注语言在社会交往中的功能和作用。

随着科学技术的飞速发展,语言学的研究领域进一步拓展。它不仅与社会科学紧密联系,还与数学、信息科学、计算机技术、自动化技术等自然科学也紧密联系。在人工智能、自然语言处理等领域,语言学为其他学科提供了理论基础和实践方法。例如,计算机科学家通过模拟人类语言处理机制,开发出智能对话系统、机器翻译等应用,极大地提高了信息处理和沟通的效率。

综上所述，我们可以看到，语言学在发展过程中不断与其他学科建立联系，形成了跨学科的研究格局。如今的应用语言学已成为一门综合性极强的学科，不仅具有深厚的理论基础，还具备广泛的应用价值。这使得语言学在学术界和现实生活中都具有重要地位，为人类社会的发展作出了巨大贡献。

（四）跨学科性

应用语言学的发展得益于多学科的融合，这使得它在解决实际问题时具有更强的针对性和实用性。例如，在语言教学中，应用语言学可以结合心理语言学和社会语言学的理论，探讨不同年龄段、文化背景的学生在学习语言过程中的需求和困难，从而制定更为有效的教学策略。同时，应用语言学还可以与计算机科学相结合，开发智能化的语言学习工具，提高学习效果。

应用语言学是一门兼具独立性和跨学科性的学科，它以语言学理论为基础，不断吸收其他相关学科的营养，形成自身独特的理论体系。在实际应用中，应用语言学通过跨学科研究，为语言教学、语言评估、语言规划等领域提供了有力的理论支持和实践指导。随着学科间的交流与合作日益深入，应用语言学有望在未来继续发挥重要作用，推动我国语言教育的发展。

第二节　应用语言学的发展历程

一、国外应用语言学的发展

（一）应用语言学正式形成之前

20世纪80年代，美国著名的计算语言学家维诺格拉德出版了一部具有影响力的著作《作为认知过程的语言：句法》(1983)。在这本书中，他以寓言的形式生动地阐述了世界语言学发展的历程，将语言学的演变划分为四个阶段——初创期、发展期、成熟期和变革期。

维诺格拉德提到的初创期，是指人类对语言的认知和探索的开始。在这个阶段，人们仅仅把语言作为一种沟通工具，对于语言内部的结构和规律并未深入研究。此时，语言学家们致力于发掘和整理各种语言现象，为后来的语言学研究奠定了基础。

随着人类社会的发展，语言学进入第二个阶段——发展期。在这个阶段，语言学家们开始对语言的内在规律（如语法、语义、语用等方面）进行深入探讨。这一时期，许多著名的语言学家提出了各种理论和观点，如结构主义、功能主义等，丰富了语言学的内涵，为后来的研究奠定了基础。

进入成熟期，语言学逐渐形成了一门系统的学科。这个阶段的语言学家们在前人研究的基础上，对语言的各个方面有了更加全面和深入的认识。此时，语言学不仅局限于对语言现象的描述，还开始探索语言与认知、心理等方面的关系，进一步拓展了语言学的研究领域。

最后一个阶段是变革期。随着科技的飞速发展，尤其是计算机技术的崛起，语言学家们开始尝试运用计算机技术对语言进行研究和分析。这个阶段，计算语言学、自然语言处理等新兴领域应运而生，为语言学的发展注入了新的活力。同时，这个阶段的语言学家们还开始关注跨学科的研究，如神经科学、人工智能等，以期在更广泛的领域里探讨语言的本质。

总之，维诺格拉德在《作为认知过程的语言：句法》一书中对语言学的发展历程的划分有助于我们更好地理解语言学的历史演变，以及各个阶段的研究重点和特点。如今，随着科技的不断进步，语言学将继续迈向新的高峰，为人类认知世界提供更多宝贵的启示。

1. 规则主义语言学时期

古希腊时期的语言学限定主义阶段，可以追溯到公元前5世纪。在这一阶段，语言学的主要特征是限定主义，它关注语言使用的正确性和纯洁性，高度重视语言规范。这种关注点的确立，并非错误，而是在当时的背景下，人们对语言的认识和理解有限，认为语言是一种静态的存在，忽视了语言自身的演变和发展规律。

限定主义将语言视为一种固定的事物，坚守希腊-拉丁语法模式，试图从逻辑和理性的角度规定语言的使用方式。这种观点的出现，反映了当时人们对语言的认知局限，同时也受到了古希腊哲学思想的影响。在这一阶段，语言学的研究类似于法律，强调规则和规范，忽视了语言的动态性和多样性。

然而，语言并非静态，而是随着社会的发展和人类的交流而不断演变。限定主义忽视了这一点，因此在这一阶段，语言学的发展受到了一定的限制。随着时间的推移，人们逐渐认识到语言的动态性，开始对语言学的研究方法进行反思和调整。

在我国，古代的语言学也经历了类似的阶段。汉字的构造和用法，一度被视为不可改变的规范，任何偏离这些规范的行为都会受到批评。然而，随着语言学的发展，人们逐渐认识到，语言是一种灵活的、动态的存在，需要不断地适应和调整。因此，我国的语言学研究也逐渐转向了对语言的动态分析和研究。

总的来说，古希腊时期的限定主义语言学，反映了当时人们对语言的认知水平和对语言学研究的理解。随着语言学的发展，人们逐渐认识到语言的动态性和多样性，开始对原有的语言规范和限定进行反思和调整。这也为我们提供了一个深刻的教训，即在研究语言学时，需要遵循语言自身的规律，尊重语言的动态性和多样性。

2. 历史比较语言学时期

18世纪末，英国学者琼斯（Jones）的一次偶然发现为语言学领域开启了一扇全新的大门。1786年，他在研究古印度梵语时，惊人地发现梵语与拉丁语、希腊语以及欧洲其他许多语言之间存在惊人的相似性。这一重要发现，不仅揭示了语言的奥秘，也为后来的历史比较语言学的发展奠定了基础。

历史比较语言学是一门研究语言起源和发展的学科，它通过比较不同语言的结构、词汇和语法，探索它们之间的演变关系。琼斯的发现，使得研究者们开始借鉴生物学中的分类方法，试图建立起各种语言的谱系。这样一来，语言学的研究就从原本的对单一语言的静态分析，转向探究多种语言之间动态演变的过程。

这一时期，语言学的研究受到了生物学的深刻影响。就像生物学通过对动植物的分类和比较，揭示出生命的奥秘一样，语言学也开始借助历史比较的方法，探寻语言的起源和演变。这种类比的研究方法，使得语言学得以跳出单一语言的桎梏，从更广阔的视角来审视人类的语言现象。

随着研究的深入，学者们逐渐认识到，语言不仅仅是交流的工具，更是文化的载体。不同语言之间的相似性和差异性，不仅反映了人类思维方式的共性和特性，也揭示了人类社会文化的丰富多样性。在历史比较语言学的研究中，我们不仅可以探寻到语言的起源和发展，更可以从中一窥人类文明的演变历程。

3. 结构主义语言学时期

1916年，瑞士语言学家弗迪南·德·索绪尔（Ferdinand de Saussure, 1857—1913）的弟子们整理并出版了他授课的笔记《普通语言学教程》，这部著作奠定了结构语言学的基础。在此之前，语言学的研究主要集中在词汇、语法和语音等方面，而索绪尔提出的结构主义观念，使得语言学的研究转向了更为深入和全面的层面。

在索绪尔理论的影响下，布拉格学派、哥本哈根学派、美国描写语言学派等纷纷涌现，他们不断深化和拓展索绪尔的理论，使其在20世纪50年代在语言学领域占据主导地位。

美国结构主义语言学在继承索绪尔理论的基础上，发展出了一套独特的语言分析方法。他们运用替换和分布的手段，以辨别语素、分析层次为目的，这套方法就像化学家运用严谨的手段分析化学物质一样，语言学家们通过这套方法从语音入手，逐层剖析语言结构。

这个时期的语言学就像化学一样，追求严谨和精细，研究重点从表面的词汇、语法转向了深层次的语言结构。这种转变不仅丰富了语言学的研究领域，也为后来的语言学发展奠定了坚实的基础。

然而，随着语言学研究的深入，人们开始意识到结构主义虽然提供了新的研究视角，但其过于强调语言的结构和系统，忽视了语言的动态性和使用者的主体性。因此，自20世纪下半叶开始，语言学的研究开始逐渐转向，更加关注语言的运用和语境，这标志着语言学进入了一个新的阶段。

尽管如此，结构主义语言学的方法和理念仍然对当代的语言学研究有着深远的影响。他们对语言的深入剖析以及对语言结构的系统研究，为我们的语言认知提供了重要的理论支撑。可以说，结构主义语言学是美国语言学史上的一段重要历程，也是我们理解语言本质的重要窗口。

4. 生成语言学时期

1956年，乔姆斯基发表了具有里程碑意义的著作《句法结构》，在这部作品中，他提出了一个颠覆性的观点：结构分析无法全面涵盖人类语言的创造性特点。乔姆斯基认为，传统的语言学研究过于关注语言的结构，而忽视了人类在生产和理解句子过程中的创造性。为了弥补这一缺陷，他进而倡导研究生成语言学。生成语言学作为一种全新的语言学分支，关注的是人类运用有限语法规则生成无限句子的内在机制。乔姆斯基认为，这种内在机制才是人类语言创造性的核心。为了阐述这一观点，他运用了严谨的数学方法来论述生成语言学的原理，将语言学与数学紧密联系在一起。这一时期，语言学的研究受到了数学的巨大影响。乔姆斯基等学者试图将数学的严谨性引入语言学领域，使语言学的研究方法更加科学和精确。他们认为，通过数学模型可以更好地揭示人类语言创造性的内在规律，进而为语言教学、人工智能等领域提供理论依据。乔姆斯基的生成语言学理论在学术界引起了广泛关注，一方面，它为语言学的研究提供了新的视角，使学者们开始关注人类语言的创造性；另一方面，它也为人工智能领域的研究提供了理论基础。在乔姆斯基的理论基础上，许多学者进行了深入的研究，试图揭示更多人类语言的奥秘。

直到1880年，欧洲大陆的外语教学主要集中在古希腊语和拉丁语等古典语言上。这些古典语言的学习目的并不明确。在这一时期，外语教学受到规则语言学的影响，教学方法侧重于语法翻译法，强调背诵规则，并以阅读古典文献和掌握书面语为目标。随着历史比较语言学的发展，语言教学与语言学分道扬镳，开始独立发展。到了19世纪末，资本主义列强面临世界领土的重新划分，以及政治、军事、经济与文化激烈的竞争，这对外语教学提出了新的要求。于是，直接法教学作为语法翻译法的对立面应运而生。直接法教学倡导从日常口语开始教学，提倡用外语思维，写作训练先模仿后创造。1920年至1935年期间，美国开展了大规模的教学法试验，从而催生了阅读教学法。而在第二次世界大战期间，美国为派往国外的军队制定了特别的培训计划，主张让学生大量接触口语，将阅读和写作降至最低程度，并提出了听说法。与此同时，法国视听法诞生。听说法和视听法的语言学基础均为结构语言学，他们将外语学习视为机械习惯的养成过程，以结构为纲组织教学，强调学生所说的语言能为母语本国人所接受。然而，直至20世纪40年代，外语教学尚未被视为应用语言学的范畴。当时许多外语教学人士甚至不知道应用语言学这一术语。

从古典语言的学习到直接法教学，再到阅读教学法和听说法，外语教学的发展经历了漫长的过程。这一过程不仅反映了语言学理论的变化，也受到了社会历史背景的影响。随着应用语言学的兴起，外语教学逐渐明确了其目标，即培养学生的语言运用能力，而不仅仅是掌握语法规则和阅读古典文献。在这个过程中，各种教学方法不断涌现，为外语教学的发展提供了丰富的实践经验和理论支持。

（二）应用语言学概念的形成

自19世纪初，语言学的研究开始呈现出明显的分化，分为理论语言学与应用语言学两大方向。在这个时期，尽管"应用语言学"这个术语尚未问世，但语言教学已经与侧重于历史比较的"语言学"研究领域划清了界限。语言学的研究重心开始转向更为广阔的领域，而语言学则逐渐独立，开始专注于实际应用。

直到19世纪末，波兰语言学家博杜恩·德·库尔特内（Baudouin de Courtenay）才首次提出了"应用语言学"的概念。1870年，他在一篇论文中明确指出，应用语言学的目标在于利用纯粹语言学的知识来解决其他学科领域的问题。然而，库尔特内只是提出了这个概念，并未对其研究对象和范围进行明确，也未构建起一个统一的理论体系，因此并未在当时引起广泛关注。

应用语言学的建立和发展依赖于政治、经济尤其是科学技术的需求，同时也与语言学自身的发展紧密相连。进入20世纪以后，应用语言学得到了迅猛的发展，逐渐崭露头角，成为一门领先学科。特别是在近三四十年里，现实生活为应用语言科学带来了一系列与科学技术、政治经济密切相关的新任务，使语言学的应用范围得到了前所未有的拓展。

应用语言学的研究领域已经涵盖了外语教学、语言规划以及语言信息处理等多个方面。在外语教学领域，应用语言学致力于探索更为有效的教学方法和策略，以满足全球化背景下不断提高的跨语言沟通需求；在语言规划领域，应用语言学关注语言资源的合理配置和使用，以促进国家和社会的发展；在语言信息处理领域，应用语言学推动了人工智能、自然语言处理等技术的发展，为解决现实生活中的实际问题提供了有力支持。

（三）应用语言学在欧美的进一步发展

在20世纪五六十年代，应用语言学在欧美国家取得了显著的进步。这一时期，政治、经济、军事、科技、教育以及旅游等领域的快速发展和国际交流需求，促使各国纷纷加大对外语教育的投入。尤其是美国和英国，它们大力推动以英语作为外语的教学，以满足国内在外交、科研、教育和商业等领域的迫切需求。在此期间，乔姆斯基的生成语言学理论异军突起，挑战了传统的描述语言学，为语言学领域注入了新的活力。乔姆斯基的理论从理论上阐述了人类语言能力的内在机制，为后续的语言学研究奠定了基础。

自20世纪60年代起，语言学领域呈现出多元发展的繁荣景象，新的学科和学派不断涌现。受此启发，应用语言学不再局限于教学方法的争论，而是开始探索语言教学的深层次问题，如学习者的认知、情感和动机等因素。语言学家们开始关注如何将语言教学与心理学、教育学等学科相结合，以提高教学效果。在语言学新思想的冲击下，语言教学将培养学生的交际能力作为主要目标，强调在实际语境中进行语言实践，并将教学方法的研究提升至教学大纲的制定。自20世纪70年代以来，应用语言学家们围绕教学大纲提出各自的教学主张，关注学习者在教学过程中的决定性因素，致力于语言学学习过程的研究。在这一过程中，应用语言学家们重视实地调查和科学实验，使语言教学研究摆脱了纯理论的探讨，呈现出强烈的实证科学特征。这种实证研究方法不仅为语言教学提供了有力的理论支持，还促进了应用语言学与其他学科的交叉融合，进一步丰富了语言教学的理论和实践。

二、国内应用语言学的发展

(一) 我国应用语言学的萌芽和起源

自古以来,中国就在语言研究领域进行了不断的探索,这一过程可以追溯到先秦时期,也为我国应用语言学的发展奠定了基础。在这个漫长的历程中,众多学者在词典编纂、语言教学理论与实践以及语言文字规划等方面付出了巨大的努力,并取得了显著的成果。

在词典编纂方面,古代学者们展现出了非凡的才华。以《说文解字》和《康熙字典》为例,这两部词典包含了辉煌的文字概念,堪称我国古代词典编纂史上的璀璨明珠。它们为后世的文字研究者提供了宝贵的参考资料,也使我们能够更好地了解古代汉字的发展演变。

在语言教学方面,古代学者不仅在理论研究上取得了丰硕的成果,还总结了许多实用的教学方法和经验。他们在文字教学、书法教学、阅读教学等领域进行了深入探讨,为后世的教育工作者提供了宝贵的借鉴。这些教学方法和经验在今天仍然具有一定的启示意义,可以帮助我们更好地开展语文教学。

在语言文字规划方面,古代政府推行了一系列重要的政策,其中最具代表性的便是"书同文"。这一政策反映了政府在语言文字规范化方面的远见卓识,有助于统一全国范围内的文字标准,提高沟通效率。此外,这一政策还对汉字的传承与发展产生了深远的影响,使得汉字能够在历史长河中不断演变、完善。

总之,从先秦时期开始,我国在语言研究领域取得了一定的成就。这些成就不仅为我国应用语言学的发展奠定了基础,同时也为全球语言学领域提供了宝贵的借鉴。在今后的发展中,我们应当继续发扬古代学者的优良传统,积极探索,为我国的语言文字事业作出更大的贡献。

（二）我国应用语言学的发展

19世纪晚期，随着社会的变革和科技的进步，传统语言学开始向现代语言学转变。

1. 现代语文运动与应用语言学

现代语言学强调语言的系统性、科学性和客观性，与传统语言学相比，它更注重语言的结构、语法、语义等方面。现代语言学的发展也为新兴的语言运动提供了思想基础。

其中，白话文运动是现代语言学转变的重要体现。在传统的文言文中，语言表达较为繁琐、晦涩，难以被广大民众理解和接受。而白话文则以通俗易懂、简单明了的语言表达方式，成为当时社会变革的重要工具。白话文运动推动了语言的现代化，也为现代语文的发展奠定了基础。

此外，拼音化运动也是现代语言学转变的重要体现。在传统的汉字系统中，学习汉字需要掌握复杂的笔画、笔顺等规则，这对于许多不熟悉汉字的人来说，学习难度较大。而拼音化则将汉字与拼音相对应，使得学习语言变得更加简便、高效。同时，拼音化也为现代语文的规范化、标准化提供了基础。

2. 文字改革运动与应用语言学

自1949年中华人民共和国成立至1966年这一时期，我国社会经历了巨大的变革，这些变革对语言文字工作产生了深远的影响。

语文运动在经历了新中国成立初期的探索与实践后继续向前发展。1955年10月，我国召开了"现代汉语规范化问题学术会议"以及"全国文字改革会议"，这两次会议对现代汉语的规范化进行了深入研究和讨论，提出了许多具有创新性的观点和建议，对现代汉语规范化的发展产生了深远影响。

这一时期，大众对语言文字的学习表现出强烈的兴趣，语言知识的学习也受到了前所未有的重视和普及。大众对语言文字的学习态度的转变，离不开国家政策的支持和引导。例如，1956年，我国教育部颁布了中学语文教学大纲，明确了中学语文教学的目标和内容，为大众学习语文提供了规范和指导。此外，这一时期，大众媒体对语言文字的关注程度也在不断提高，大众媒体语言的规范化和标准化，对提高大众的语言素质起到了积极的推动作用。

总的来说，从1949年新中国成立到1966年的这段时间，我国语言文字工作在现代汉语规范化、大众语言文字学习等方面取得了重要的进展。然而，我们也应看到，这一时期，我国语言文字工作还存在一些问题和不足，如现代汉语规范化研究的深度和广度有待提高，大众语言文字学习的效果和质量还有待提高等。因此，在新的历史时期，我们应该继续深化对现代汉语规范化、大众语言文字学习等方面的研究，为我国语言文字工作的开展作出更大的贡献。

（三）我国应用语言学学科的正式形成和发展

1. 我国应用语言学学科的正式形成

1984年，我国正式成立了语言文字应用研究所（以下简称"语用所"），标志着我国应用语言学学科的正式形成。语用所的成立是我国应用语言学学科发展的重要里程碑，其历史发展历程充满了曲折与挑战。

语用所最初成立时隶属于中国社科院和文改委，旨在推动我国应用语言学的研究和发展。经过二十多年的发展，语用所在1988年划归国家语言文字工作委员会，进一步明确了其在我国应用语言学学科中的重要地位和作用。随着我国语言文字工作的开展，语用所也在1998年合并入教育部，成为教育部的隶属机构。

在教育部的领导下，语用所得到了更大的发展空间。2001年4月，在国家相关政策的支持下，语用所设立了《语言文字应用》编辑部，以推动我国应用语言学研究的学术交流和成果传播。同时，语用所还设立了普通话培训测试中心，这是我国第一个专门进行普通话培训和测试的机构，为我国推广普通话和提高国民语言素质作出了重要贡献。

在发展过程中，语用所还增设了辞书研究中心、科研教育管理处、计算语言学研究室等机构，进一步丰富了其研究领域和任务。辞书研究中心主要负责辞书编撰、辞书评价和辞书理论研究等工作，为我国辞书事业的发展作出了重要贡献。科研教育管理处主要负责应用语言学研究的科研和教育工作，为我国应用语言学的人才培养作出了重要贡献。计算语言学研究室主要负责计算语言学的研究和应用,为我国计算机辅助语言研究作出了重要贡献。

2.我国应用语言学学科的发展

1986年1月,全国语言文字工作会议调整了语言文字工作任务,包括完善和推行《汉语拼音方案》,处理汉语文字信息,研究语言文字的基础与应用工作,推广普通话和现代汉语规范,以及研究、整理现行文字并制定相关标准。这次会议对语言文字规划起到了重要作用。

1997年12月,全国语言文字工作会议简化为四项任务:推广普通话、推行汉字简化、实现语言与信息技术一体化、扩大《汉语拼音方案》应用范围。2000年,《中华人民共和国国家通用语言文字法》颁布,成为我国第一部语言文字方面的专项法律,具有里程碑式意义。

此外,我国还创立了应用语言学学会。我国应用语言学学会成立于1985年,旨在促进我国应用语言学的研究、教学和实践,提高应用语言学的国际地位。学会成立后,迅速吸引了大量国内外的应用语言学家加入,形成了良好的学术氛围。学会定期举办各类学术活动,如研讨会、讲座、培训班等,以推动应用语言学研究的深入发展。此外,学会还积极与国内外应用语言学学会、研究机构建立联系,加强学术交流与合作,共同推动应用语言学的发展。

近年来,我国应用语言学的研究领域不断拓展,下辖了许多新的研究领域。这些领域包括第二语言教学、对外汉语教学、语言规划、社会语言学、神经语言学、文化语言学、计算语言学等。这些领域的研究为我国应用语言学的发展提供了新的动力,推动了应用语言学的成熟。例如,第二语言教学领域的研究为我国外语教学改革提供了有益的借鉴;对外汉语教学领域的研究为我国汉语国际传播提供了有力的支持;语言规划领域的研究为我国语言资源的管理和保护提供了重要的指导。显然,我国应用语言学的发展取得了显著成果。随着应用语言学研究的不断深入,我国应用语言学已经趋于成熟,并在国际学术界占有一席之地。然而,应用语言学的发展仍然面临诸多挑战,例如如何更好地融合理论与实践、如何加强国际交流与合作等。未来,我国应用语言学领域仍有很大的发展空间,需要我们共同努力,推动应用语言学的发展,为我国的现代化建设作出更大贡献。

第三节　应用语言学的研究方法

一、应用语言学研究

（一）一般应用语言学

应用语言学的研究内容相当广泛，主要研究"语言在真实社会环境中的运用"。它主要研习语言学、语义、语法、语音等方面的基本知识和理论，并研究各种与语言有关的实际问题。具体来说，应用语言学的研究内容包括但不限于以下几个方面。

1. 语言教学研究

研究如何有效地教授学生学习语言，包括教学方法、教材设计、语言测试等。随着全球化的发展，语言学习变得越来越重要。为了更有效地教授学生学习语言，专家与学者们深入研究了教学方法、教材设计、语言测试等方面的最佳实践。

在教学方法方面，情景教学和任务教学能够更好地激发学生的学习热情，培养他们的实际语言应用能力。通过模拟真实场景和设置实际任务，学生可以在语言学习的过程中更好地理解和掌握语言的实际运用。

在教材设计方面，应当注重内容的实用性和趣味性。通过选择与学生生活密切相关的主题和内容，设计生动、有趣的练习和活动，可以更好地吸引学生的注意力，提高他们的学习兴趣。同时，教材的设计也需要注重语言的难度和进阶，确保学生能够在逐步提高的过程中掌握语言知识。

在语言测试方面，应当注重测试的公平性和有效性。通过制定科学的评分标准和评价方法，确保测试结果能够真实反映学生的语言水平。同时，提倡采用多元化的评价方式，如学生自评、同伴互评等，以促进学生的自我反思和同伴之间的相互学习。

为了更有效地教授学生学习语言，需要不断探索和实践新的教学方法、教材设计和语言测试方式。只有不断创新和完善，才能更好地满足学生的学习需求，提高他们的语言应用能力。

2.标准语的建立和规范化

研究如何建立和规范一种标准语言，以提高交际的效率和准确性。

建立标准语言是一项至关重要的任务，它有助于提高交际的效率和准确性。为了实现这一目标，需要采取一系列措施。

（1）明确标准语言的定义和范围。标准语言应该是一种通用的、规范化的语言，适用于各种场合和领域。它应该具有清晰、准确的语法和词汇，易于学习和使用。同时，标准语言也应该具有一定的灵活性和包容性，能够适应不同领域的需求和变化。

（2）制定一套有效的规范和准则。这些规范和准则应该包括语音、语法、词汇、表达方式等方面，并能为人们提供明确的指导。通过这些规范和准则，可以逐步统一人们的语言表达方式，减少歧义和误解。

（3）推广标准语言的使用。只有当标准语言得到广泛的应用和认可时，才能真正发挥其作用。因此，可以在教育、媒体、商务等领域积极推广标准语言的使用，提高人们的语言素质和表达能力。

（4）建立一套有效的评估和监测机制。这套机制可以定期评估标准语言的规范程度和使用情况，及时发现和纠正不规范的语言表达方式。同时，这套机制也可以为标准语言的进一步发展提供有力的支持。

3.文字的创制和改革

研究如何创制新的文字系统，或者改革现有的文字系统，以适应语言的变化和发展。

随着社会的不断发展和进步，语言也在不断地演变和进化。文字作为语言的载体，也需要不断地进行创新和改革，以适应语言的变化和发展。因此，研究如何创制新的文字系统或者改革现有的文字系统，成为语言学领域中一个非常重要的课题。

（1）了解文字系统的基本构成。文字系统通常包括字符、字形、字义等。字符是文字系统中的基本单位，字形则是字符的书写形式，而字义则是字符所表达的意义。在创制新的文字系统时，需要考虑这些方面的因素，以确保新的文字系统能够准确地表达语言的含义。

（2）考虑文字系统的易用性和可读性。一个好的文字系统应该易于学习和使用，同时也应该具有良好的可读性。这需要在创制新的文字系统时，充分考虑人类的认知特点和阅读习惯，尽可能地简化字符和字形的复杂性，同时保证字义的准确性和清晰性。

（3）关注文字系统的标准化和规范化。一个统一的文字系统是语言交流的基础，因此需要制定相应的标准，规范字符、字形、字义等方面的使用，以确保文字系统的统一性和规范性。同时，也需要关注文字系统的国际化，以适应不同国家和地区之间的语言交流和沟通。

（4）探讨如何将新的文字系统应用到实际的语言交流中。这需要进行充分的社会调查和实证研究，了解人们对新文字系统的接受程度和使用情况，并根据反馈进行相应的调整和改进。

4. 辞书编纂

研究如何编纂和使用辞典是一项重要的任务，因为它对于满足人们对于语言信息的需求具有重要的作用。在人们的日常生活中，无论是学习、工作还是交流，都需要用到各种词汇和表达方式。辞典是语言学习的必备工具，它提供了关于词语的定义、用法、语法和例句等方面的信息，能够帮助人们更好地理解和使用语言。在编纂辞典时，需要考虑以下几个方面。

（1）选择适当的词语和表达方式进行收录。这需要考虑词语的流行度、使用频率以及是否具有明确的意义等因素。同时，还需要考虑词语的分类和组织方式，以便于用户查找和使用。

（2）提供准确的定义和解释。这不仅需要对词语的含义、用法和来源进行深入的研究和分析，以确保提供的解释是准确可靠的。同时，还需要提供丰富的例句和用法说明，以便于用户更好地理解词语的含义和用法。

（3）考虑语言的演变和发展。随着社会的不断发展，语言也在不断地演变和更新。因此，需要及时更新辞典的内容，以反映语言的最新变化。

5. 翻译

随着全球化的不断深入，跨语言沟通变得越来越重要。翻译作为解决不同语言之间沟通问题的关键手段，其研究的重要性不言而喻。本节将探讨如何进行有效的翻译研究，以促进不同语言间的顺畅交流。首先，要明确翻译的基本原则。忠实、准确、通顺是翻译的三要素，即要求译文忠实于原文的内容和风格，准确传达原文的含义，并且在语言表达上通顺、流畅。为了实现这些目标，需要深入研究不同语言的语法、词汇、表达习惯等语言特点，以及文化背景、思维习惯等方面的差异。其次，要注重翻译的技巧和方法。常见的翻译技巧包括直译、意译、增译、减译等。在翻译过程中，应根据具体情况选择合适的技巧，以使译文更加自然流畅。再次，还需要掌握一些翻译工具，如在线翻译平台、翻译软件等，以提高翻译效率。最后，要重视翻译的实践和经验积累。翻译是一门实践性很强的学科，只有通过大量的实践才能不断提高自己的翻译水平。同时，要善于总结经验，发现自己的不足之处并加以改进。可以通过参加翻译比赛、志愿服务等活动，锻炼自己的实际翻译能力。

翻译研究是解决不同语言之间沟通问题的重要途径。为了进行有效的翻译研究，需要深入了解语言特点和文化差异，掌握翻译技巧和方法，并注重实践和经验积累。只有这样，才能更好地促进不同语言间的交流和理解。此外，应用语言学还涉及语言的性质、形式、意义、构造、功能、变异、进化、获得和产出等方面的研究。

6. 其他

除了上面这些内容外一般应用语言学还涉及下列内容。

（1）言语矫正学。言语矫正学能够协助医生治疗各种先天的和后天的言语病症（如腭裂、口吃、倒仓、塌中等），使患者的语言能力得到恢复。我国高度重视言语矫正学的发展，将其列为医学领域的重要组成部分。在国家的支持下，我国的言语矫正学取得了显著的成就，不仅提升了患者的言语能力，还提高了他们的生活质量。言语矫正学是一门跨学科的领域，涉及生物学、心理学、语言学等多个学科。通过对这些学科的深入研究，言语矫正专家可以找到导致言语障碍的原因，并制定针对性的治疗方案。言语矫正治疗过程通常包括评估、治疗和跟进三个阶段。在评估阶段，专家会对患者的言语能力进行全面评估，确定其障碍类型和程度。在治疗阶段，根据评估结果，专家会为患者制定个性化的治疗方案，并通过言语训练帮助患者改善其言语能力。在跟进阶段，专家会对患者的治疗效果进行监测和评估，并根据需要调整治疗方案。除了临床治疗外，言语矫正学还关注言语障碍患者的心理康复。治疗过程中，医生和患者之间的良好沟通和信任至关重要。通过获得心理支持和进行康复训练，患者能够树立信心并积极配合治疗，最终实现言语能力的恢复。

随着科技的不断进步，言语矫正学的发展也日新月异。如今，越来越多的先进技术被应用于言语治疗领域，如电子仪器、计算机软件等。这些技术的应用极大地提高了言语治疗的效率，使更多患者受益。为了提高言语矫正专业人才的培养，我国许多医学院校和科研机构纷纷开设了言语矫正相关专业和课程。通过系统地理论学习和实践操作，学生可以全面掌握言语矫正学的专业知识，为未来的职业生涯打下坚实基础。

总之，言语矫正学在协助治疗各类言语病症方面发挥着重要作用。通过不断发展和完善，我国的言语矫正学将为更多患者带来希望，助力他们重获健康的生活。

（2）舞台语言研究。其研究的目的是领导演员进行发声训练，获得艺术语言的基本功。在这个过程中，演员们需要掌握多方面的技巧，如呼吸控制、发音准确、语言表达力等。接下来，我们将详细讨论舞台语言训练的重要方面，以便为演员提供更多有关发声技巧和方法的指导。

①呼吸控制。呼吸是发声的基础，正确的呼吸方法能够帮助演员更好地控制声音。演员需要学会用腹式呼吸，这样可以增加肺部容量，使声音更加稳定。在训练过程中，可以通过练习深呼吸、慢呼吸等方法，提高呼吸控制能力。

②发音准确。发音是舞台语言的关键，演员需要掌握准确的发音技巧。这包括了解发音原理、掌握音标、熟悉发音部位等。此外，演员还需学会运用共鸣腔，使声音更具立体感。通过反复练习，不断提高发音准确性，为角色塑造提供有力支持。

③语言表达力。舞台语言的魅力在于能够打动观众的心灵。为了提高语言表达力，演员需要学会运用情感、语气、节奏等手段。在训练过程中，可以通过朗读、背诵、即兴表演等方式，锻炼语言表达能力。同时，演员还需注重与搭档的默契配合，使舞台对话更加自然流畅。

④声音的塑造与变化。演员在表演过程中，需要根据角色特点调整声音。这包括音高、音量、音色等方面的变化。通过学会声音的变化，演员可以更好地展现角色的性格、情感等内涵。在训练中，可以尝试模仿不同年

龄、性别、职业的人物声音，提高声音变化的技巧。

⑤舞台表演与现实生活的结合。舞台语言训练最终要服务于表演。演员需要在现实生活中积累经验，观察人们的行为、语言特点，这样才能在舞台上更加真实地展现角色，使观众产生共鸣。同时，演员还需注重与导演、舞台工作人员的沟通协作，共同打造一台精彩纷呈的舞台剧。

总之，舞台语言训练是演员成长过程中不可或缺的一环。通过发声训练，演员可以提高自己的语言表达能力，为角色塑造打下坚实基础。在今后的学习和实践中，演员们还需不断探索、总结经验，将舞台语言技巧与自己的生活体验相结合，为观众呈现更加丰满、生动的角色形象。

（3）国际辅助语。语言是人类交流的重要工具，然而，不同的国家和地区有着各自独特的语言，这就在一定程度上造成了语言障碍。语言障碍不仅影响人们的日常交流，也在一定程度上制约国际交流与合作。因此，消除语言障碍是迫切需要解决的问题。

在国际上，建立一种辅助语的需求应运而生。这种国际辅助语，旨在为全球各国人民提供一个共同的交流平台，消除语言障碍，促进国际的沟通与合作。通过使用国际辅助语，人们可以跨越语言的界限，更加便捷地进行交流，分享知识和经验，推动世界各国的文化交流与发展。

建立国际辅助语的过程并非一蹴而就，需要全球各国的共同努力。首先，需要对各国的语言进行深入研究，了解不同语言之间的差异和共性。在此基础上，提炼出一种全球通用的语言规则和词汇体系，作为国际辅助语的基础。同时，还要加强对国际辅助语的宣传和推广，使其在全球范围内得到广泛认可和应用。

在国际辅助语的推广过程中，我国可以发挥重要作用。作为世界上人口最多的国家，我国拥有丰富的语言资源和人才优势，可以为国际辅助语的研究和发展将取得更为丰硕的成果。同时，我国也可以借助国际辅助语的推广，进一步提升自身在国际舞台上的影响力。

总之，建立国际辅助语是为了消除语言障碍，促进全球范围内的沟通与合作。这是一个长期且艰巨的任务，需要各国共同努力。随着国际交流与合作的日益紧密，国际辅助语的应用前景将更加广阔。在这个过程中，我国应积极参与，为推动国际辅助语的发展和应用贡献力量。

（4）速记系统。速记系统是一种高效的工具，它可以帮助人们用简单的符号迅速记录语言，从而提高信息传递的效率。在我国，随着科技的发展和信息化的推进，速记系统的研究与应用越来越受到重视。

速记这一概念起源于古代，当时的人们为了方便记录，采用了一些简化的符号和缩写来表示语言。随着社会的进步，速记方法不断得到完善和发展，逐渐形成了独立的学科。在近现代，速记的应用范围得到了进一步扩大，不仅在商务、会议、法庭等领域得到广泛应用，而且在电子设备中也得到了广泛应用。

近年来，我国在速记领域的研究取得了显著成果。一方面，传统的速记方法得到了传承和发展，涌现出一批优秀的速记师；另一方面，随着信息技术的发展，电子速记设备和技术也得到了广泛应用。在各种会议、论坛和新闻发布会上，速记员的身影随处可见，他们用速记符号快速记录着重要信息，为我国的信息传播和决策提供了有力支持。

随着人工智能技术的不断发展，未来速记系统将更加智能化、自动化。人工智能助手可以实时地将语音转化为文字，并且通过大数据和自然语言处理技术，进一步提高文字记录的准确性和完整性。此外，未来速记系统还将实现多种语言的自动转换，为全球范围内的信息交流提供便捷。

（二）机器应用语言学

电子计算机的问世，引发了科技领域的深刻变革，同时为语言学提供了崭新的发展空间。计算机在语言学领域的应用颇具成效，它成为语言学者的得力助手，协助语言学者对语言素材进行分类、模拟、分析和转换。然而，计算机的应用也对语言学提出了新的挑战，推动着语言学向更高的智能化水平迈进。如今，语言学研究不仅要求计算机提升其智能化水平（如赋予检索、翻译等功能），还要求其具备精准的感知能力（如口语识别、文字识别等），以及口语合成和语音输入等功能。

机器应用语言学的核心内容在于探讨如何运用电子计算机等先进工具处理自然语言。自然语言理解在人工智能领域具有重要地位，它关乎着人类智能活动的本质。为了实现对自然语言的深入理解，研究人员需解决一系列复杂问题，例如区分各种同形多义现象以及处理省略、替代等问题。这些问题在机器翻译等机器语言学领域同样具有挑战性。

在自然语言理解过程中，同形多义现象是一个亟待解决的问题。这是因为相同的词语或句子在不同的语境中可能具有不同的含义。要准确理解自然语言，人工智能系统需要具备强大的语境分析能力。通过分析句子之间的关系、识别句子成分以及理解句子所表达的意图，人工智能系统可以在很大程度上消除同形多义现象带来的困扰。

此外，自然语言中的省略和替代现象也给人工智能带来了挑战。省略是指在表达过程中，说话者有意或无意地省去某些词语或句子，而替代是指用一个词语或句子替换另一个词语或句子。为了正确理解自然语言，人工智能系统需要能够填补省略的部分，并识别替代关系，从而还原语言表达的完整意义。

为了解决这些问题，研究人员在自然语言理解领域进行了大量研究。他们通过构建复杂的算法和模型，使得人工智能系统能够更好地理解自然语言。这些算法和模型包括深度学习、循环神经网络、长短时记忆网络等。这些技术的发展为实现高效、准确的自然语言理解提供了有力支持。

然而，自然语言理解仍然面临着许多挑战。例如，如何在不同语言之间实现准确的理解和翻译，以及如何处理含有隐喻、双关等修辞手法的语言。这些问题的解决需要人工智能研究人员继续探索新的方法和技术，以提高自然语言理解的性能。

总之，自然语言理解作为人工智能的核心问题，关系到人类智能活动的本质。在解决同形多义现象、省略和替代等问题上，研究人员已取得了一定的成果，但仍需不断探索新的方法和技术，以提高自然语言理解的准确性和性能。随着人工智能技术的不断发展，我们相信实现高效、准确的自然语言理解的日子不再遥远。

二、应用语言学的主要研究方法

（一）调查法

调查法是一种通过实地考察和收集数据的研究方法，在语言学领域中占据着重要的地位。它是一种系统性的、科学的方法。

在二语习得领域，中介语研究是其中的重要组成部分，调查法在其中的应用更是不可或缺。通过对不同的中介语资料进行深入的调查和研究，可以建立起系统的语料库，从而为中介语的研究提供了坚实的基础。

在具体的调查过程中，研究者需要通过各种途径收集数据。这些途径包括但不限于访谈、问卷调查、观察、实验等。通过这些途径，研究者可以收集到大量的语言数据，进而对这些数据进行分析和研究，以揭示出语言的规律和特性。

此外，调查法在语言学中的应用还体现在对语言变化的研究中。语言是一个动态的系统，其变化是不可避免的。通过对语言变化的调查和研究，研究者可以更好地理解语言的发展和演变过程，从而为语言学的研究提供新的视角和思路。

在实际应用中，调查法需要结合具体的研究目标和问题进行选择。例如，如果研究目标是探索某一语言的特点，那么调查法的选择就需要以收集该语言的相关数据为主；如果研究目标是研究某一语言的变化，那么调查法的选择就需要以收集该语言的历史数据为主。

应用语言学是一门研究语言、语言学与社会语言运用之间关系的学科。它的研究对象包括语言的结构、功能、使用和发展等方面，旨在通过深入的语言学研究，为社会语言运用提供理论指导和实践指导。应用语言学的研究方法多种多样，除了调查法，比较法也是应用语言学研究的基本方法之一。

（二）比较法

比较法是一种基本的研究方法，其基本思想是通过比较不同语言、语言现象之间的异同，揭示出语言现象的共性与个性。比较法在应用语言学中的运用，可以帮助研究者更深入地理解语言现象，为语言教学、语言翻译、语言政策制定等实践提供理论支持。

比较法可以分为事实比较和理论比较两种方法。事实比较，又称为"比附"，是指对客观现象或者客观事实进行归纳、概括的一种方式，带有明显的描写性特征。例如，研究者可以通过对不同语言中的动词时态进行比较，揭示出语言时态的共性和个性。

理论比较指的是将系统理论的普遍原理应用在具体的语言之中，从而确定是否可行的一种比较方式。例如，研究者可以通过对不同语言中的句法结构进行比较，来确定是否可以将一种语言的句法结构应用到另一种语言中。

比较法不仅可以用于语言现象内部的比较，也可以用于不同语言现象之间的比较。例如，研究者可以通过比较汉语和英语的语法结构，来揭示出两种语言的共性和个性。在应用语言学的研究中，确定比较范围、选择比较基点和分析揭示问题是非常重要的步骤。比较范围是指进行比较的属于哪一个范畴或者哪些方面，这需要研究者有深入的语言学知识和丰富的实践经验。比较基点是进行比较的参照点，选择合适的比较基点可以帮助研究者更好地理解语言现象。分析揭示问题是比较法的最终目的，通过对比较结果进行分析，研究者可以得出结论，为语言教学、语言翻译、语言政策制定等实践提供理论支持。

（三）实验法

实验法是一种通过有目的、有计划、有系统地控制和操作研究对象，观察和记录其行为变化，从而揭示事物内在规律的研究方法。在应用语言学研究中，实验法可以帮助研究者更好地理解语言现象的实质和规律，从而为语言教学、语言设计、语言评估等领域提供科学依据。

应用语言学的研究对象是语言现象，而语言现象是复杂的、多变的，很难通过理论分析和解释来全面理解。实验法可以通过有目的、有计划、有系统地控制和操作研究对象，观察和记录其行为变化，从而揭示语言现象的本质和规律。例如，通过实验研究可以揭示不同语言变量对语言理解的影响，从而为语言教学提供科学依据。

应用语言学的研究目标是解决实际语言应用问题。实验法可以帮助研究者更好地理解和掌握语言现象的实质和规律，从而为解决实际语言应用问题提供科学依据。例如，通过实验研究可以揭示不同语言变量对语言表达的影响，从而为语言设计提供科学依据。

此外，应用语言学的研究领域不断扩大，人们对应用语言学的理解更是从狭义向着广义纵深发展。实验法可以帮助研究者更好地理解和掌握语言现象的实质和规律，从而为解决实际语言应用问题提供科学依据。例如，通过实验研究可以揭示不同语言变量对语言理解的影响，从而为语言评估提供科学依据。

因此，应用语言学研究中使用实验法是十分必要的。实验法可以帮助研究者更好地理解和掌握语言现象的实质和规律，从而为解决实际语言应用问题提供科学依据。在应用语言学研究中，我们需要充分利用实验法，以提高研究的可靠性和有效性。

第三章　应用语言学的核心领域

应用语言学的理论研究对于已有理论的验证、修正以及产生新的语言理论具有重要意义。它不仅有助于我们更深入地理解语言的本质，还能为实际应用提供有益的指导。通过对应用语言学的研究，我们可以更好地把握语言在各个领域的运用，为促进人类交流和理解搭建一座坚实的桥梁。应用语言学的研究重点为语言本体和本体语言学同相关方面发生的关系，其涵盖的范畴十分广泛。通过对这些范畴的深入研究，应用语言学为揭示语言的本质、促进人类认知发展以及推动社会文化交流提供了有力支持。本章就从语言规划、语篇分析、话语分析、跨文化交际、语言传播五大核心领域入手来分析。

第一节 语言规划

一、语言规划的定义

语言规划，作为一种政府和社会团体对语言在社会交际中的问题进行理解和把握的策略，涉及多个学科和领域，包括语言学、社会学、心理学、教育学等。其核心目的是通过有计划、有目的、有组织地管理和干预，使语言文字更好地服务于社会，提高人们的语言使用效率和质量。

语言规划涉及对语言系统的管理和调控。这包括制定和实施语言政策，对语言文字的使用进行规范和引导，以满足社会交际的需求。同时，语言规划也需要对语言的变化和发展进行预测和评估，以便及时调整和优化语言系统，使其更好地适应社会发展的需要。

语言规划与语言政策、语言立法之间存在密切的联系，但又有各自的独立性。语言政策是语言规划的基础和核心，是政府对社会语言问题的具体回应和指导，体现了政府对语言问题的态度和立场。语言立法是语言政策的升华和保障，是将语言政策的重要内容以法律形式加以明确和规范，具有强制力和约束力。语言规划是语言政策的延伸和体现，是对语言政策的具体执行和落实，是语言政策在实际工作中的具体应用。

语言规划是政府行为和社会行为的结合。政府是语言规划的主要实施者，通过制定和实施语言政策，对语言的使用进行管理和调控。同时，政府也需要考虑社会的需求和利益，对语言规划的内容和范围进行调整和优化，使其更好地服务于社会。社会则是语言规划的参与者和受益者，通过参与语言规划的制定和实施，对社会语言问题进行理解和解决，提高语言使用的效率和质量。

语言规划的实施需要科学的方法和有效的技术。这包括对语言数据的收集和分析，对语言问题的研究和预测，以及对语言政策和规划的评估和调整。同时，语言规划的实施还需要考虑社会的多元性和复杂性，尊重和保护各种语言的权利和利益，使语言规划能够更好地适应社会的变化和发展。

总的来说，语言规划是一种重要的语言管理策略，涉及政府和社会团体的共同努力和合作。通过对语言系统的管理和调控，语言规划能够提高语言使用的效率和质量，满足社会交际的需求，推动社会的进步和发展。同时，语言规划也需要考虑社会的多元性和复杂性，尊重和保护各种语言的权利和利益，使语言规划能够更好地适应社会的变化和发展。

二、语言规划的内容

语言规划是一个复杂且重要的研究领域，其内容涵盖了语言使用、规范、地位及管理等多个方面。学术界通常将语言规划分为两大主要部分：语言地位规划和语言本体规划。同时，一些学者认为，由于社会因素对语言发展的影响日益显著，因此，语言声望规划也应被视为语言规划的一个重要组成部分。然而，这一观点并非所有人都赞同。下面我们将主要讨论语言地位规划、语言本体规划、语言声望规划等。

语言地位规划主要涉及对语言在社会中的地位和作用的分析，以及制定相应的政策和管理措施。在实际操作中，语言地位规划需要考虑的因素众多，如语言的官方地位、语言的使用范围、语言的规范程度等。通过对这些因素进行分析，我们可以确定语言在社会中的地位，进而制定出相应的政策和管理措施，以促进语言健康、稳定、有序的发展。

语言本体规划主要涉及对语言本身的规范和管理，包括语言的语法、词汇、语音等方面的规范，以及对语言的使用和传播进行管理和监督。在实际操作中，语言本体规划需要考虑的因素也众多，如语言的规范程度、语言的使用范围、语言的传播方式等。通过对这些因素进行分析，我们可以制定出相应的规范和标准，以促进语言健康、稳定、有序的发展。

语言声望规划主要涉及对语言在社会中的声望和形象的分析，以及制定相应的政策和管理措施，以提升语言的声望和形象。在实际操作中，语言声望规划需要考虑的因素众多，如语言的传播方式、语言的使用范围、语言的形象和口碑等。通过对这些因素进行分析，我们可以制定出相应的政策和管理措施，以提升语言的声望和形象。

语言规划还需要考虑如何协调、发挥相关机构、部门的作用，如社会团体、学术机构，以及教育、文化、传媒、商贸、信息等部门的作用。这需要语言规划者具备广泛的知识和深入的理解，能够有效地协调各方力量，共同推动语言规划的实施。

总的来说，语言规划是一个涉及语言使用、规范、地位及管理等多个方面的重要领域。通过深入研究和实践，我们可以更好地理解和掌握语言规划的内涵和外延，从而为语言的健康、稳定、有序发展作出更大的贡献。

三、语言规划的对象

语言规划的对象涵盖了语言本体、语言使用，以及社会语言问题。语言本体包括口语、书面语、语言和文字、辅助语言与辅助文字，它们各自有独特的特点和功能。例如，口语是人们在日常交流中使用的主要方式，它具有直接、生动、形象的特点，能够快速传递信息，但不易于长期保存。书面语则以文字为载体，具有稳定性、可反复阅读、可长期保存的特点，但交流速度较慢，需要解读。语言和文字则是语言本体的核心部分，它们是人们进行交流的基础，具有广泛的使用领域和深入的研究价值。

社会语言问题是指在特定的社会环境下，由于语言的使用、传承、发展等原因，产生的各种语言现象和问题。具体包括语言地位、语言关系、语言规范等问题。语言地位是指不同语言在社会中的地位和作用，包括官方语言、通用语言、地方语言等。语言关系是指不同语言之间的相互关系，包括语言之间的联系、影响、冲突等。语言规范是指语言使用过程中应遵循的原则和规范，包括语法规则、词汇选择、语音规范等。

语言规划的主要目标是克服社会交际的语言障碍，创造或改善语言使用的条件与环境。这需要对语言本体及其使用进行深入研究，以找出存在的问题，并提出解决方案。同时，还需要考虑社会语言问题的影响，以避免语言规划的方案对社会产生负面影响。

在语言规划的对象中，还包括语言使用中的政府语言行为和社会公共语言行为。政府语言行为是指政府机构在官方文件、公告、宣传等场合使用的语言行为，它对社会的语言使用具有重要的影响。社会公共语言行为是指在社会公共场合，如公共交通、商业场所、公共场所等使用的语言行为，它直接关系到社会的语言环境和公共形象。

总的来说，语言规划的对象是一个广泛的概念，它涉及语言本体、语言使用、社会语言问题等多个方面。只有深入研究这些方面，才能制定出有效的语言规划方案，以克服社会交际的语言障碍，创造或改善语言使用的条件与环境。

第二节　语篇分析

一、语篇分析的概念

"语篇分析"是在语篇的概念的基础上建立起来的。在《语言》期刊上发表文章 *Discourse Analysis* 中，美国著名语言学家 Zellig Sabbettai Harris（泽里格·哈里斯）于1952年首次明确提出"语篇分析"的概念。他认为语篇分析不仅要明白单个词素的意义，更要注重分析句子以上的语言模型，即对语篇结构的分析，以此来深入理解作者创作语篇的意图。

姜望琪（2011）[①]在"Harris的语篇分析"中从历史的角度全面、深入地研究了Harris的理论和实践，充分肯定了他在打破句子局限、坚持研究实际

---

① 姜望琪.Harris的语篇分析[J].外语教学，2011（04）：13-17.

话语等方面的贡献。

系统功能语言学者对语篇分析的研究也给了我们很多启发。韩礼德（2008）[1]提出在系统功能语言学的理论框架下研究语篇分析，更加强调分析语篇衔接和语篇连贯问题，关注解决人们使用语言、制造意义过程中遇到的种种问题。功能语篇分析主要表现为以下特点。

（1）基于系统功能语篇分析自上而下的层次理念，语篇分析可以从意识形态、文化语境、情景语境出发，分析语篇的体裁类型、语域环境以及它们与语言互动的关系；抑或，从自下而上的角度，分析语言形式的选择及物性分析、作格性分析、语气和情态分析、主谓结构分析、信息结构和衔接系统分析。

（2）系统功能语篇分析强调语境的突出地位，语篇分析难以脱离语境进行，彼此互相制约、互相建构。

（3）以语法分析为基础展开功能语篇的分析。韩礼德（1994）[2]认为，不管语篇分析最终要达成什么目的，它必须立足于语法基础，语篇分析不能完全消除语法分析，脱离语法分析的语篇分析不能是完全意义上的对语篇的解读，只能算是对语篇的评论。

（4）区分口语语篇分析和书面语篇分析。口语更加真实地反映了人们在自然状态下对语言的使用，而且扩展延伸了语言系统的意义。而口语和书面语之间的关系是互补关系，这两种类型只是在意义组织方式和复杂程度的处理上有所不同。

在国内，结合自身多年实践，黄国文（1988）[3]在《语篇分析概要》一书中首次系统全面地梳理并总结了语篇分析的方法和思路，尤其肯定了系统功能语言学对语篇分析的突出影响力。

总的来说，在语言教学中，语篇分析是语言学习者对语言材料进行识别和标记的手段。在此过程中，人们运用一定的方法从整体上对语言进行分析，包括对整个语篇结构、句子的组合规则、各个句子之间的联系、衔接和

---

[1] M A K Halliday.Complementarities in Language[M].Beijing：Commercial Press，2008.
[2] M A K Halliday.An Introduction to Functional Grammar（2nd ed.）[M].London：Edward Arnold，1994.
[3] 黄国文.语篇分析概要[M].长沙：湖南教育出版社，1988：3.

连贯性等层面的分析和理解，而且整个语篇分析的过程基于情境，在情境中展开。

二、语篇分析理论

英语阅读教学离不开对语篇材料的分析，本节将从宏观和微观两个角度来探究语篇。在宏观层面，主要探讨篇章结构和图式理论；而在微观层面，将探讨语篇分析的衔接及连贯理论。

（一）语篇宏观分析

1. 篇章结构

刘辰诞（1999）指出根据篇章的形式及内容结构对篇章进行分类进而形成了篇章模式。[1]

秦秀白（2000）[2]提出从语篇结构的宏观层面上分析，体裁结构的不同导致了篇章模式的不同。根据《新课标》中对篇章类型内容上的要求，主要将篇章类型分为记叙文、说明文、议论文及应用文四类。其中记叙文是一种以阐述、描写为主要表现形式的文本，其一般是通过描述来表现人物、事件、景色或物品等内容；说明文以说明为主要表达方式，其往往能够详细阐释客观事物和抽象概念，帮助我们理解事物的本质，并获得正确的科学认识；议论文通过罗列事实、陈述事理表达作者的思想和主张，重点在于让人信服；应用文是人类在长时间实践中创造的一种文体，是人们获取信息、处理事务、沟通情感的手段。

我们在进行语篇阅读时，可以通过对篇章模式的分析更有效地提炼语篇

---

[1] 刘辰诞.教学语篇语言学[M].上海：上海外语教学出版社，1999：4-6.
[2] 秦秀白.体裁教学法述评[J].外语教学与研究，2000（01）：42-46+79.

框架结构，并且从其结构中得到篇章所反映出来的整体意义，进而更加明确地体现语篇的中心思想，使读者能够更加清晰地了解作者的创作意图。篇章模式理论帮助读者在阅读过程中对语篇从头到尾进行透彻的识别，为读者提取语篇的整体结构和中心思想进行理论支撑，并且提供有效的实践途径。

2. 图式理论

当读者的语言图示储备充足，内容图式的储备决定了读者能否剖析语篇的深度内涵。内容图式包括了与文本相关的背景知识和读者已经存在的经验，从定义上看，内容图示需要不断地与时俱进，不断更新扩充，接纳先进思想、了解不同文化、储备丰富多样的知识才能在阅读相关语篇时充分体会其中深层含义。所以在日常的教学过程中，深度剖析其中文化背景知识、解析作者写作思想，才能丰富学生内容图式，使学生在之后的语篇阅读中越来越轻松。

通过形式图式，读者可以更好地理解语篇的结构和体裁，并从中推断出题材和信息，从而实现更有效地阅读。学生通过各个阅读题材的形式图式练习，掌握相应体裁语篇的特点，便于其更好地把握语篇的逻辑关系，使学生能高效且准确地理解语篇。

由此可见，在教学和实践中图式理论的重要性。通过从基础上掌握语言图式，从背景上把握内容图式，从体裁上运用形式图式，我们可以基于图式理论深度剖析阅读理解题目，并据此提出行之有效的教学建议。

（二）语篇微观分析

1. 衔接理论

韩礼德（1964）[1]首次提出衔接是一种连接两个句子或话语的概念。在《Cohesion in English》一书中韩礼德和哈桑（1976）[2]进一步说明：衔接是语

---

[1] M A K Halliday. The linguistic study of literary texts[M].Proceedings of the Ninth International Congress of Linguists, 1964: 156.

[2] M A K Halliday. & R.Hasan.Cohesion in English[M].London: Longman, 1976: 122.

篇的特征，它反映了语篇的表层结构，证明了语篇中每句话都存在着内在联系。

根据黄国文（1988）①的观点，语篇衔接可以分为语法衔接和词汇衔接。语法范畴上的衔接类别有照应、省略、替换、连接。照应是指用代词语法手段等来表示语义关系，可分为人称照应、指示照应、对比照应和分句照应；省略是为了防止重复，强调文中重要内容，更好地联系上下文，其中可以省略主语、谓语、补语及其他部分；替换则是指替换上文中出现过的词语，进而避免重复，联系上下文，其中包括名词性替代、动词性替代及小句型替代；连接主要通过因果关系、时间顺序、地点转移等方式达成。词汇衔接则属于语义衔接，主要通过词汇的重叠、同义、近义、上下义和组合等方式来完成。

这些衔接手段可能是形式上的，也可能是语义上的。它们可能用来连接语句内部的单词，也可能用来连接语句相互之间的语义联系。无论是语法衔接还是词汇衔接，都是语篇中常见的实现连贯的方法，它通过构建词句间的制约关系，使语义关联变得明显，通过配合、交叉使用这些衔接方法来实现语篇的连贯性，从而更好地理解语篇。

（1）语篇衔接的定义

从20世纪60年代起，语言学家就开始对语篇衔接在语言中的运用进行研究，研究者们分别从不同的角度解读衔接一词，但并没给出统一的概念。1964年，韩礼德首次提出衔接的概念。②1976年，他和哈桑共同认为篇章内部的词与词之间，句与句之间存在一种逻辑关系。他们还认为语言不是简单的长短句的堆叠和排列，而是通过形式不一的衔接手段，是把具有一定宗旨的句子根据其逻辑关系组合而成的一篇联系紧密的文本。自此，关于衔接理论的研究开始蓬勃发展。

随着语篇衔接理论的不断完善，我国学者对语篇衔接的定义也发生

---

① 黄国文.语篇分析概要[M].长沙：湖南教育出版社，1988：10-11.
② M A K Halliday. The linguistic study of literary texts[M].Proceedings of the Ninth International Congress of Linguists，1964：157.

改变。

黄国文（1988）[1]指出衔接最能代表语篇的特点，也是语篇分析的核心内容，还采用大量的英语实例详细地分析衔接理论的应用，并把语篇衔接归纳为语法衔接和词汇与逻辑衔接两大项。

胡壮麟（1994）[2]以韩礼德的语篇衔接理论为基础，对语篇衔接的范围进行了扩充。他认为语篇衔接不单单包含语法和词汇这两方面，把语境甚至语调也划入语篇衔接的范围。

王宗炎（1998）[3]展开关于如何把句子组成完整连贯的语篇分析的研究。

王蒙蒙（2021）[4]指出语法和词汇衔接在英语阅读中的重要性，提出通过分析衔接手段能增强读者对句子与段落的理解，更好地从整体上把握篇章意图。

随着近年来学者们对语篇衔接了解的不断深入，对衔接的定义也层出不穷，但没有统一的确定的定义。国内外不同学者对语篇衔接的理解虽有区别，但大抵相同：当篇章中对一个语言片段的理解以另一个片段为前提时，那么这段语篇中存在着衔接关系。

语篇衔接是不同句子之间产生联系的一种标记。语言在一定的语篇中更容易被理解和分析，所以语篇衔接对于整篇文章的把握起着举足轻重的作用。

（2）语篇衔接的分类

随着语篇衔接理论的不断完善，衔接的分类也不断改变。本书以韩礼德和哈桑（1976）对语篇衔接手段的分类为理论基础而进行了阅读教学探究，其分类如下：

①词汇衔接。词汇衔接即原词、相近词、同义词或者反义词在文中出现多次，这些词在语篇中暗含的意思都是一样的。通过使用这些词汇，使语篇

---

[1] 黄国文.语篇分析概要[M].长沙：湖南教育出版社，1988：11.
[2] 胡壮麟.语篇的衔接与连贯[M].上海：上海外语教育出版社，1994：4.
[3] 王宗炎.语言学:它的历史、现状和研究领域[J].外语教学与研究，1988（4）：14-24.
[4] 王蒙蒙.基于主题语境的深度学习在高中英语阅读中的应用研究[D].大连：辽宁师范大学，2021：15.

内容整体上更通顺，衔接得更紧密、更连贯，在理解其他句子的基础上，进而理解其中某一个句子。

韩礼德和哈桑（1976）提出词汇衔接有两种形式：复现和同现。复现分为重复、同义词或反义词、上下义关系、概括词等；同现即词汇共同出现的倾向性。韩礼德（1994）认为词汇的搭配是语言在发展与完善阶段，形成的一种特殊的规则，对语篇的理解起着重要的作用。能够搭配起来的词汇在语意上关系紧密，体现出语篇较强的衔接力度；通过使用搭配这一衔接手段，使语意相关的词汇频繁且可能连篇地出现，创造一定的语境环境。

以复现这一衔接手段为例，在教材中的体现如下：

Cholera used to be one of the most feared diseases in the world, until a British doctor, John Snow, showed how if could be overcome. This illness causes severe diarrhea, dehydration, and even death. In the early 19th century, when an outbreak of cholera hit Europe, millions of people died from the disease. As a young doctor, John Snow became frustrated because no one knew how to prevent or treat cholera. In time, he rose to become a famous doctor, and even attended to Queen Victoria when she gave birth. However he never lost his desire to destroy cholera once and for all.

重复在英语语篇中经常被使用，甚至每一篇英语阅读材料都会运用重复这一衔接形式。这一形式的使用能帮助学生解决同一类题目，如：文章主旨大意或某一段落的主旨大意题。在这段文字中重复出现的单词有：John Snow, a British doctor, cholera, diseases，这就是词汇衔接中的重复（repetition）。根据这些词大概可以推测作者想要讲述的是一位名叫John Snow的医生战胜霍乱这一疾病的事迹。通过不断地重复出现这些主题词，促使读者迅速抓住段落主旨。

②语法衔接。语法衔接包括指称、省略、替代和连接。其中，指称即照应，是指在同一语篇中，一个成分和另一成分在照应意义上的相互说明的关系，也是一种参照现象。它通过代词、名词、形容词、冠词等词性来呼应所要指代的对象，使语篇前后衔接关系更紧密。指称是在阅读教学中使用频率较高的一种方法。例如：

Wherever I need help, my mother is always there for me and she often tells me that I can be anyone I want, as long as I am confident of myself.

此处采用了人称指称，本句中的she指代前面的my mother，即人称代词指前面的主语，使语言变得更简洁。

替代是指为使语意更连贯，上文出现的一些词或句子替换形式以避免复现，同时也使上下文的衔接更加合理通顺。韩礼德和哈桑（1976）认为名词性替代、动词性替代和小句性替代是替代的主要内容。例如：

Ideas and values gradually replaced the old ones from The Middle Ages.

此处采用了名词性替代，ones替代上文中的ideas and values。语篇中经常用one，ones，the one，the same等词来替代上文中的名词或名词性短语。

省略又被认为零替代，在语篇中也被广泛使用。

魏欣（2013）[①]认为省略是作者已预设该成分在语篇中的作用，即使省略，对方也能理解语篇且不产生歧义。省略的运用也是有依据的。在遇到省略时，我们可以通过上下句的衔接关系，还原文章的整体内容。省略有三种形式：名词性省略、动词性省略和小句省略。例如：

I bought many different colors of shirts, but I like the yellow best.

此处采用了名词性省略。yellow后省略了shirt。根据上下文的衔接，即使省略了shirt，也能理解其句意。

连接又称为逻辑联结词，是指在句与句、词与词之间通过运用连接词，使句子符合一定的逻辑关系，达到更加通顺这一目的。连接关系是语篇中较常用的一种衔接方式，也是运用最多且最复杂的一种模式。

韩礼德和哈桑（1976）将其归纳为四类，即：增补型、转折型、因果型和时间型。这些连接词的使用能够帮助读者理清上下句之间的先后顺序。在语篇衔接中，词汇衔接往往和语法衔接相结合，使语篇成为一个有意义的、连贯的整体。只有当学生了解语篇衔接的手段，并在阅读中有意使用这一手段，才能更好地理解句与句之间、段与段之间的关系，扫清阅读中的语言障碍，提高阅读能力，进而提高阅读成绩。

[①] 魏欣.衔接理论在非英语专业英语阅读教学中的应用研究[D].锦州：渤海大学，2013：34.

第三节 话语分析

一、话语分析的定义

在语言学领域,关于话语分析的定义,学者们至今尚未达成共识。大多数人认为,话语分析是对语境中语言如何用于交际的研究。尽管话语分析的具体任务并不明确,但从实践中我们可以总结出一些主要任务,包括以下几方面。

探讨话语活动与思维模式之间的关系:语言是思维的外壳,话语活动是思维的表达方式。通过分析话语可以了解人们的思维模式和认知方式。

研究话语与语境之间的关系:语境是话语发生的背景,对话语的理解离不开对语境的分析。通过分析话语与语境的互动可以更好地理解语言交际的实质。

分析句子之间的语义联系:句子是话语的基本构成单位,句子之间的语义联系决定了话语的整体意义。通过分析句子之间的关联可以揭示话语的内在逻辑。

探讨话语的体裁结构与社会文化传统之间的关系:不同体裁的话语反映了不同的社会文化传统。通过分析话语的体裁结构可以深入了解社会文化背景对语言交际的影响。

研究语篇的衔接与连贯:语篇是由多个句子组成的较大语言单位,衔接与连贯是语篇的基本特征。通过分析语篇的衔接与连贯可以掌握语言交际的规律。

分析话语的语义结构与意识形态之间的关系:话语的语义结构反映了说话者的意识形态和价值观。通过分析话语的语义结构可以揭示说话者的立场和观点。

总之,话语分析是一门深入探索语言交际奥秘的学问,它有助于我们更好地理解语言在人际交往中的作用,以及语言与思维、文化、意识形态等方面的联系。通过对话语分析的研究,可以提高语言运用能力和交际技巧,更好地适应社会语境。

二、话语分析的发展

(一)萌芽阶段

哈里斯在1952年发表了一篇以 *Discourse Analysis* 为题的论文,这篇论文标志着话语分析学科的萌芽。在此之前,语言学的研究主要集中在语音、语法和词汇等方面,而哈里斯试图通过结构主义的方法,对口头语言进行深入剖析,寻找话语层面上的语言结构单位,从而开启了一个全新的研究领域。尽管哈里斯的研究愿望并未在当时实现,但他为话语分析的发展奠定了基础,使得这一领域逐渐受到学界的关注。

话语分析与当时社会和语言学理论的发展紧密相连。随着社会的进步,语言学研究的范围逐渐拓宽,不再局限于传统的语音、语法和词汇等领域。在此基础上,话语分析应运而生,成为语言学为适应社会发展而拓宽研究领域的必然结果。

(二)起步阶段

20世纪70年代初,人类社会经历了巨大的变革。这一时期,科技的飞速发展使得人们开始对各种通讯手段产生浓厚兴趣,尤其是对口头交际的关注度逐渐提升。在此之前,语言研究的主要焦点集中在书面语上,而忽视了口语的重要性。然而,随着人们对交际需求的日益增长,口语的地位逐渐凸显。语言哲学家们对言语行为和会话内涵的深入研究,进一步揭示了口语的复杂性和丰富性。

为了更好地理解口语交际,研究者们在传统的语法分析中,引入了语境、语域、衔接、连贯等问题。这些概念的引入,使得语言研究不再局限于句子层面，大大拓宽了研究领域。通过对语境的研究，人们可以更好地理解会话中的言语行为和内涵，从而更加准确地把握交际意图。

在这个阶段，语用学和交际理论的研究成果丰硕。这些成果不仅为口语教学提供了理论依据，还促进了跨学科研究的发展。随着研究的深入，人们逐渐认识到，语言不仅仅是传递信息的工具，更是构建意义、表达情感、建立关系的载体。

总之，20世纪70年代初，随着人们逐渐对口头交际的重视，语用学和交际理论应运而生。这一时期的研究成果，为口语教学和跨学科研究奠定了基础，同时也揭示了语言的多元功能。如今，这些理论已经成为语言学领域的重要组成部分，继续推动着学术交流和创新发展。

（三）兴盛阶段

从20世纪80年代起，话语分析这门学科在全球范围内迎来了它的繁荣发展期，取得了令人瞩目的突破性成果。这一时期的显著特点之一便是话语分析队伍的空前壮大。相较于过去，这支队伍的人员分布更为广泛，涵盖了欧美、亚洲、澳洲等地区。其中，美国的力量最为强大，紧随其后的是西欧各国，再然后是澳洲、苏联以及东欧各国，最后是亚洲和非洲地区。

此外，话语分析领域的专著和论文集如雨后春笋般不断涌现。这些学术成果不仅丰富了话语分析的理论体系，还为实践中的应用提供了宝贵的指导。近年来，随着经济全球化和信息化的深入发展，语言学界对话语分析的重视程度日益加深，各种话语分析理论和实际的分析方法应运而生。

三、话语分析研究视角

（一）批评视角的话语分析

批评话语分析（Critical Discourse Analysis，CDA）是一种具有独特视

角和科学理论基础的话语分析方法,其核心思想是站在批判的立场,深入研究话语与社会结构之间的内在联系。CDA以系统功能语言学(Systemic Functional Linguistics,SFL)作为其理论基础和方法论,通过对语言、权力和意识形态之间关系的深入剖析,揭示话语背后的社会现实。

CDA关注的是语言、权力和意识形态之间的关系。它认为,语言作为一种社会符号系统,其使用和表达不仅受到社会结构和文化背景的影响,同时也对社会结构和文化背景产生反作用。在这种相互作用的过程中,权力和意识形态成为影响语言使用和表达的关键因素。因此,CDA将语言视为一种社会实践,强调语言与社会、政治、经济等各个方面的紧密联系。

CDA将语篇视为生成者在形式结构和意识形态两方面进行选择的结果。语篇作为一种社会文本,其内容和形式都受到社会语境的影响。在CDA的视角下,语篇的分析离不开对话语实践过程本身及其发生的社会语境的分析。这意味着,要全面理解语篇的内涵和外延,必须深入研究其产生和传播的社会背景,以及语篇所处的社会环境。

在CDA的研究中,对话语实践过程本身的分析是非常重要的一环。CDA强调,要理解语篇的意义,必须关注话语的生成、传播和接受等各个环节。只有深入研究这些环节,才能揭示语篇背后的社会结构和意识形态。例如,通过分析语篇的语境、语义、语用等要素,可以揭示语篇所反映的社会问题、价值观和权力关系。

CDA还注重对语言使用者的身份和地位进行分析。在CDA的视角下,语言使用者的身份和地位是影响其语言使用和表达的重要因素。例如,在不同的社会语境中,语言使用者的身份和地位可能产生不同的社会意义。因此,CDA通过对语言使用者的身份和地位的分析,可以揭示语篇背后的社会结构和权力关系。

总之,CDA作为一种具有独特视角和科学理论基础的话语分析方法,为人们深入研究语言、权力和意识形态之间的关系提供了有力的工具。通过对语篇的分析,CDA揭示了语言背后的社会现实,为人们理解和解决社会问题提供了有力的理论支持。然而,CDA作为一种话语分析方法,其研究范围和深度仍然有限。未来,研究者还需要不断拓展和深化CDA的研究,以期更好地揭示语言、权力和意识形态之间的关系,为社会科学研究提供更加丰富的理论资源。

（二）语言学视角的话语分析

语言学的话语分析研究，是对语言使用过程中所产生的话语进行深入的分析和解读，主要关注的是话语的合格性条件，例如话语结构、衔接、连贯、话语标记以及语篇结构等。这些条件构成了话语的基本框架，是理解话语意义的基础。

话语分析的研究方法包括对语言使用的实际观察，以及对话语录音、录像、转录的文本分析。通过对实际语言使用的观察和分析，研究者可以了解话语的结构、语言的运用以及话语的意义生成过程。同时，通过对话语录音、录像、转录的文本分析，研究者可以深入理解话语的内部结构和语言的运用规则。

在话语分析的研究中，研究者不仅关注话语的内部结构，也关注话语的语境。语境是指话语产生的社会、文化、历史等背景，是话语产生和理解的重要因素。语境分析可以帮助研究者更好地理解话语的意义，以及话语在社会、文化、历史背景下的具体运用。

自20世纪70年代起，话语分析逐渐被应用到语用学、人类文化语言学、社会语言学等学科的研究中，出现了语用话语分析、人类文化语言学话语分析、社会语言学话语分析等。这些话语分析的研究方法和方法论的运用，不仅丰富了语言学的研究内容，也推动了语言学与其他学科的交叉研究。

话语分析的研究方法也具有很强的实用性。通过话语分析，研究者可以深入了解语言在社会、文化、历史背景下的具体运用，为语言教学、语言政策制定、语言服务提供有力的支持。同时，话语分析也可以为社会科学研究提供有力的语言工具，帮助研究者更好地理解社会、文化、历史背景下的语言现象。

然而，话语分析的研究也面临一些挑战。例如，话语分析的文本分析方法需要进一步发展和完善，以更好地处理复杂的语言现象。同时，话语分析的研究也需要考虑语言的多样性，以适应不同语言环境下的话语分析。

总的来说，话语分析研究是语言学的一个重要分支，也是语言学与其他学科交叉研究的重要领域。通过对话语的分析，研究者可以更好地理解语言在社会、文化、历史背景下的具体运用，为语言教学、语言政策制定、语言服务提供有力的支持，也为社会科学研究提供有力的语言工具。

（三）认知视角的话语分析

认知语篇分析是一种以认知或心理现象为基础的语篇研究方法，它将语篇的衔接与连贯视为关键要素，并对影响语篇生成和理解的各种语言因素展开深入探讨。这些语言因素包括语篇标记、语篇结构、信息结构和指称等，都是认知语篇分析的重要研究对象。

认知语篇分析的认知视角主要涵盖关联理论、可及性理论和语篇世界理论等。关联理论强调语言表达之间的关联性，认为语篇的连贯性取决于语言成分之间的关联程度；可及性理论关注语篇中信息的可及性，即信息在语篇中的呈现方式和顺序对读者理解语篇的影响；语篇世界理论侧重于研究语篇中的现实世界知识和认知机制对语篇理解的作用。

在认知语篇分析中，研究者还关注语篇标记的作用。语篇标记是指语篇中各种语言成分关系的符号，如代词、连词等。通过分析语篇标记，可以揭示语篇内部的逻辑结构和关系，进而理解语篇的连贯性。此外，信息结构也是认知语篇分析的重要内容。信息结构反映了语篇中信息的组织方式，包括信息的呈现顺序、详略程度等，对读者理解语篇具有重要意义。

指称是认知语篇分析中的另一个关键因素。指称是指语言成分在语篇中指向现实世界对象的过程。通过分析指称关系，可以了解语篇中各个成分之间的联系，以及它们与现实世界的关系。认知语篇分析将这些语言因素与认知机制相结合，为我们研究语篇的生成和理解提供了有力的理论支撑。

总之，认知语篇分析以认知和心理为基础，对语篇的衔接与连贯进行深入研究，涵盖关联理论、可及性理论和语篇世界理论等多个认知视角。通过对语篇标记、语篇结构、信息结构和指称等语言因素进行分析，认知语篇分析为我们揭示了语篇内部的逻辑结构和认知机制，有助于更好地认识语篇的生成和理解。

第四节 跨文化交际

一、跨文化交际的定义

跨文化交际,作为一种重要的社会现象,在当今全球化的背景下其重要性日益凸显。这一概念最早由美国人类学家爱德华·霍尔(Edward T.Hall)在其经典著作《沉默的语言》(The Silent Language)中提出。霍尔将跨文化交际定义为"旅居海外的美国人与当地人之间的交际",这一定义突出了跨文化交际的特殊性和局限性。然而,随着社会的发展和文化的交流,跨文化交际的定义也在不断地扩展和深化。

在霍尔对跨文化交际的定义基础上,跨文化交际的概念逐渐演变为指称来自不同文化的人之间的交际。这一定义强调了文化差异的存在,并突出了在交际过程中需要克服文化障碍以实现有效沟通的重要性。这一定义的出现,不仅丰富了跨文化交际的内涵,同时也为研究跨文化交际提供了一个更为广泛和深入的视角。

跨文化交际的研究,从霍尔的《沉默的语言》开始,已经走过了六十多年的历程。在这六十多年的时间里,跨文化交际的研究取得了许多重要的成果。其中,最为重要的是对跨文化交际的理解以及对定义的深化和拓展。

首先,跨文化交际的定义已经从最初的"旅居海外的美国人与当地人之间的交际"扩展到"来自不同文化的人之间的交际"。这一定义的转变,反映了人们对跨文化交际认识的深化和拓展。人们开始意识到,在现代社会中,文化差异不仅仅存在于国家和民族之间,也存在于人与人之间。因此,跨文化交际的研究,也需要从更为广泛的角度进行。

其次,跨文化交际的研究方法也在不断地发展和完善。从霍尔的《沉默的语言》开始,跨文化交际的研究主要依赖于个体的主观经验和观察。然而,随着研究的深入,人们开始意识到,跨文化交际具有复杂性和多样性,因此需要更为科学和客观的研究方法。因此,跨文化交际的研究方法,从个体的主观经验，逐渐转向了问卷调查、田野研究等更为科学和客观的研究方法。

此外，跨文化交际的研究内容也在不断地拓展和深化。从最初的"旅居海外的美国人与当地人之间的交际"，扩展到"来自不同文化的人之间的交际"，再到如今的研究主题，如"跨文化交际中的文化冲突和解决策略""跨文化交际中的语言障碍和克服方法"等。这些研究主题的拓展，不仅丰富了跨文化交际的研究内容，同时也为跨文化交际的研究提供了更为广阔的空间。

二、语言交际

语言交际知识主要为人们在社会交往中的日常谈话，特别是寒暄话。在跨文化交际中寒暄语的内容往往差异最明显，中国人见面寒暄时谈论的话题常常涉及"家庭""孩子""工作""收入"等，在许多中国人的观念里，并不认为这是需要避讳的话题，而询问也只是出于关心和好奇，以便拉近彼此之间的距离。但是如果询问西方人"你这是要去哪儿？""你每个月的收入是多少？"可能会造成对方的误解和反感，这是因为西方人崇尚个人主义的价值观，"年龄""职业"等话题触犯了对方的隐私，所以是禁忌话题。在语言交际中，除了要尊重对方的隐私，还应遵循礼貌原则。

讲究礼貌是各文化中普遍的现象，对维护和促进交际双方的友好关系起着重要的作用。称呼语、称赞语、道歉语、请求语是与礼貌原则密切相关的言语行为，也是在日常谈话中使用频率较高的语言。受价值观念和思维方式等因素的影响，表达礼貌的方式和内容往往也存在较大的文化差异。如在汉语中，请求语的表达方式常用"请+祈使句""请帮我开一下门"，同时我们也会经常使用到礼貌标记词"您"，"请您帮我找一本书"。而一位驻澳大利亚的汉语家庭教师却因为"礼貌"的表达让她感到苦恼，当她想要寻求帮助时往往会用到"please..."她认为是想要表达尊重才使用"请……"的。但几次之后，她发现住家妈妈的表情不太对劲，好像很尊重地表达了请求之后，对方却不情愿进行帮助了。在后来的交流中才发现，在当地如果想要某个东西或寻求别人的帮助时，往往要使用"could you please..."等形式的疑问句，因为在西方文化中，使用疑问句会更加间接，越间接的表达方式在对方听起来越委婉。如果直接将汉语的表达方式迁移到英语当中去，会让人感觉不礼貌，有命令的嫌疑。

不同文化中各言语行为的实现方式恰恰是交际知识的典型表现，不同文化的言语表达方式有很大的不同，交际文化也存在着较大的差异。在不了解差异的情况下进行交际，很有可能使对方感到不适或尴尬，引发不必要的冲突和麻烦。所以，在这些方面应多加注意，以便更好地融入当地的文化环境。

三、非语言交际

（一）非语言交际的定义

人类有多种感知信息的渠道，语言交际主要通过听觉，非语言交际主要通过视觉和触觉。美国人类学家、语言学家萨丕尔（Sapir，Eduard）曾说："社会中的交际手段有语言、广义的手势或示意动作，以及大量定义不清、发源于外在行为的含蓄交流过程。"[1]可见，非语言交际的确存在于人类的交际过程中。那么，何为非语言交际呢？

学术界关于非语言交际的定义有多种说法，既有简单的也有详细的。威廉·J.瑟勒（William J. Seiler）用一句话简单阐述了非语言交际的定义："非语言交际是不通过言辞传递信息。"[2]国内学者胡文仲也提出了相同的观点："一切不使用语言进行的交际活动统称之为非语言交际。"[3]二者都是通过非

---

[1] 爱德华·萨丕尔.萨丕尔论语言、文化与人格[M].高一虹，译.北京：商务印书馆，2011：7-8.

[2] William J. Seiler.Introduction to Speech Communication[M]. New York：Harper Collins Publishers，1992：23-24.

[3] 胡文仲.跨文化交际学概论[M].北京：外语教学与研究出版社，1999：16.

语言交际与语言交际对比的角度，得出的定义。也有学者下的定义比较详细，例如伯古恩和赛因（Burgoon and Saine）认为："非语言交际是不用言词表达的，为社会所共知的人的属性或行动。"

国外很多学者用副语言这一术语来代指非语言交际，认为广义上的副语言除了我们熟知的语调、语速、停顿等，还包括面部表情、肢体动作、空间距离等所有的非语言行为。以上学者的观点，虽不尽相同，但却都包含两个要素。其一，交际双方是通过语言或非言语的方式进行沟通的，不是通过口头方式或书面方式的语言交际。其二，非语言交际既然能传递信息，就必须具备一定的意义。非语言交际的意义系统与发出主体的情绪、态度、情感密切相关，其功能系统则与语境和语言密切相关。因此，非语言交际是在一定的交际环境下，发出者和接受者用来传递信息的所有非语言行为。

（二）非语言交际的分类

非语言交际是人类本能的行为，人类借助非语言行为洞察和理解他人潜在的内心活动，获得真实的信息。为了适应交际环境的需要，非语言交际有多种形式。因划分的视角不同，不同的学者产生了不同的分类方法。综合国内外学者的观点，可以把非语言交际简单概括为两大类。一类是通过人体构造的运动形式或人体身上的附加物传递信息，包括面部表情、肢体动作、眼神、体触、语音、语调、妆容、服饰等。另一类是结合交际环境传递信息，包括沉默、停顿、空间、时间、室内设计等。无论是哪种分类方式，都是从大致所包含的形式来说的，无法概括非语言交际的整个领域。

（三）非语言交际的特点

非语言交际虽与语言交际具有相同的属性，但在表情达意上具有自身独特的特点。在日常的交流中，人们会有意识或无意识地使用非语言，只是大多数接收到非语言信息并且成功解码的交际者不自知，这就是非语言交际的特性之一。下面从非语言交际的一般性特点和学科性特点两方面进行介绍。

1. 非语言交际的一般性特点

非语言交际的一般性特点是从人类非语言行为的共性来说的，即为大众所普遍了解的特点，主要包括以下四方面。

（1）先天性与习得性

很多学者都提出，非语言交际先于语言交际产生。人生来就具备一定的非语言本能，通常是无意识且自主的行为，例如：表示情绪的面部表情。但大多数的非语言交际是后天习得的，随着年龄的增长以及交际范围的不断扩大，人们会有意识地学习非语言交际的使用技巧，以实现成功的人际沟通。例如：在国际中文的教学中，教师会学习到很多有利于教学信息展示的肢体动作、符合教师形象的衣着配饰、规范的语言等，这些都是通过后天不断地学习所形成的职业素养。

（2）真实性与模糊性

非语言交际比语言交际有更强的真实性，人的内心活动以及情感变化会通过面部表情或者肢体动作展现出来，有时甚至是无意间的举动。例如：教师可以通过学生的面部表情以及肢体动作，判断学生对学习内容的理解程度以及上课状态。由于数量众多，人们很难确定每一种非语言行为的具体含义。

（3）独立性与连续性

人类的非语言行为有时可以脱离语言独立发挥作用。例如第一次见面时，尽管没有交谈，我们也可以凭借其穿着打扮、面部表情建立第一印象。说明非语言行为在整个交际中是连续出现的，直至你离开这个交际环境后，仍会起作用。

（4）社会性与民族性

非语言交际与语言交际一样，是一种符号系统。这套符号系统具有社会性，其含义是约定俗成的，为同一社会成员所使用。但是，受文化、地域、环境的影响，非语言交际还具有民族性。不同民族的人有自己独特的非语言形式，这种差异也会造成交际障碍。

2. 非语言交际的学科性特点

非语言交际的学科性特点是指以国际中文教学为学科，教师在使用非语言交际的过程中，除具备上述的一般性特点外，还呈现出明显的学科性特点，主要包括以下几点。

（1）民族性与国际性

在国际中文教学中，教师相对于学生来说不是一个孤立的个体，而是中国文化以及中国形象的代表。无论是教师的言谈举止还是穿着打扮，都具有很强的民族性。另外，教师的非语言交际还呈现出国际性的特点。由于国际中文教学的对象是多元化的，非语言交际的运用在符合国际化标准的同时，还需尊重对象国的文化习惯，确保跨文化交流的顺利进行。这样，不仅能够避免文化冲突，也能体现自身的职业素养。

（2）辅助性与有意性

首先，教师的体态语往往是一种伴随性语言，即常常要搭配有声语言的表达情境，用形象化、直观化的体态符号弥补或者加强语言的沟通效果。其次，在备课时，教师会依据教学内容预设需要使用的非语言行为，辅助教学。比如在国际中文教学中，学习上、下、左、右等方向词汇时，教师带领学生边说边指出对应的方向，以增强学生的记忆。除此之外，教师还会有意识地使用符合国际中文教师身份的非语言符号，比如穿具有代表性的文化服饰，以此展示中国文化的魅力，激发学生的学习热情。

（3）个性化和风格化

教学有法，但无定法。教师即便是在统一的规范下，也会因不同的因素形成自己独特的非语言风格，给学生留下深刻的印象。一般来说，具有风格特色的国际中文教师，其非语言行为的表现往往也会与众不同。比如得体的妆容、大方的穿着、夸张的表情、独特的声音都可以是教师个性化和风格化的体现。这种个性化和风格化正是教师个人魅力的体现，容易为学习者所关注。

（4）文化性与差异性

国际中文教学的对象来自不同的国家，因而非语言交际还具有文化性和差异性。比如在国际中文的课堂上，教师说"请你想一想"会伴随用食指指着太阳穴画圈的动作。此动作在大多数欧美国家中表示脑子有问题，而在荷兰却表示聪明。因此，国际中文教师须提前了解文化差异的存在，避免文化冲突，或者单独解释存在差异的非语言行为，使自己国别的非语言行为具有跨文化可接受性。

第五节 语言传播

一、语言、传播与社会关系

传播与语言的关系如同鱼和水,相互依存,无法分割。这种关系自人类存在之初便已形成,并在人类社会的各个领域中发挥着重要作用。语言不仅是人类传播的基本工具,更是人类思维、情感、文化传承的重要载体。

语言是人类传播行为的基石。人们通过语言表达自己的想法、情感和观点,从而实现人与人之间的沟通与交流。语言的多样性使得人类社会充满了丰富的表达方式和沟通技巧,进一步促进了人类文明的繁荣与发展。

语言是人类文化的载体和传承者。人们通过语言传递知识、经验和价值观,使得文化得以延续和发扬。语言的独特性和地域性又使得世界各地的文化得以丰富多彩,形成了独特的地域特色。

语言与人类社会关系密切相关。人们在语言中表达情感、态度和立场,从而建立和维护人际关系。同时,语言也在一定程度上反映了社会制度的变迁和人们观念的转变。

从语言的角度来看,传播可以分为口头传播和书面传播两种。口头传播主要依靠口语,而书面传播则依赖于文字。这两种传播方式在人类历史中发挥了重要作用,推动了文明的进步。

语言在人类文化传播中具有重要地位,它既是传播的工具,又是文化的载体,还反映了人类社会的变迁。我们应当重视语言的学习和运用,充分发挥其在传播中的作用,以促进人类文明的繁荣与发展。同时,我们也应该认识到语言的多样性和丰富性,尊重世界各地的文化特色,为实现全球和谐共处作出贡献。

二、语言传播的定义与特点

语言传播是指语言在社会交往中从一个人传递到另一个人的过程,是人类社会中不可或缺的一部分。语言传播不仅是人类沟通的基础,也是人类文明进步的推动力。

语言传播具有以下特点。

跨文化性。语言传播跨越了文化差异,使得不同文化之间的人们可以进行交流。语言作为一种文化符号,能够传达特定的文化意义和价值观。

社会性。语言传播是社会交往的一部分,它与人们的社会地位、身份、地位等因素密切相关。在不同的社会背景下,人们使用的语言也会有所不同。

互动性。语言传播是一种互动的过程,它不仅包括信息的传递,还包括接收和反馈的过程。在语言传播中,发送者需要理解接收者的语境和文化背景,以便更好地传达信息。

历史性。语言传播是历史发展的产物,它随着社会和文化的发展而变化。在不同的历史时期,人们使用的语言也会有所不同。

语言传播在人类社会中扮演着重要的角色。它不仅是人类沟通的基础,也是人类文明进步的推动力。通过语言传播,人们可以分享知识、交流思想、促进合作,从而推动社会的发展和进步。

然而,语言传播也面临着一些挑战。语言的多样性和变化性使得人们需要不断学习和适应新的语言环境。此外,政治、经济、文化等因素可能会对语言传播产生不利的影响。

为了促进语言传播的发展,我们需要采取一些措施。首先,我们应该重视语言教育,提高人们的语言水平,从而促进语言传播的效率和质量。其次,我们应该尊重语言的多样性,保护语言的多样性,从而促进语言传播的包容性和创新性。最后,我们应该加强文化交流,促进不同文化之间的对话和理解,从而促进语言传播的多元性和包容性。

第四章　应用语言学的跨学科领域

　　应用语言学作为一门交叉学科，其研究领域广泛且多样。在核心领域的研究之外，还有许多其他分支领域等待我们去深入探索。为了更加全面地理解和剖析应用语言学，本章将针对应用语言学的其他重要领域进行详细探讨，主要包括心理语言学、社会语言学、语料库语言学、儿童语言学、数理语言学、计算语言学。

第一节　心理语言学

一、心理语言学的产生

早在19世纪末，心理语言学这门新兴的交叉学科便开始受到广泛关注。这门学科的诞生，离不开德国心理学家普赖尔（Preyer）、斯特恩（Stern）和美国心理学家奥尔波特（Allport）等学者的贡献。

普赖尔于1882年发表了《儿童心理》(*The Mind of the Child*)一书，首次系统地探讨了儿童的心理发展过程，为心理语言学的研究提供了理论基础。

斯特恩在1907年出版了《儿童的语言》(*The Language of Children*)，进一步强调了语言在儿童心理发展中的重要性。这两位学者的研究，奠定了心理语言学的基础。

随后，奥尔波特在1924年发表了《社会心理学》(*The psychology of early children*)，对儿童的社会行为和心理过程进行了深入研究，为心理语言学的应用领域提供了新的视角。这些研究不仅推动了心理语言学的发展，同时也为后来的语言学家和心理学家提供了宝贵的资料和启示。

进入20世纪50年代，随着语言学和心理学的成熟，两门学科开始不断融合，出现了诸如"心理的语言学""语言心理学""心理语言学"等新的术语。这些术语的出现反映出心理语言学作为一个独立学科逐渐形成的过程。

然而，心理语言学的诞生并非一蹴而就。从19世纪末到20世纪50年代，心理语言学经历了从无到有的发展过程。这一过程不仅离不开普赖尔、斯特恩、奥尔波特等学者的贡献，同时也得益于语言学和心理学的发展。如今，心理语言学已经成为一门独立的学科，拥有丰富的理论和应用研究。未来，心理语言学将继续在语言学和心理学的基础上，探索人类心理与语言之间的奥秘。

二、心理语言学的概念

心理语言学，作为一门跨学科领域，旨在探究语言如何影响和反映人类思维、认知和情感等心理活动。它以语言学、心理学和社会学等为基础，从多个层面进行深入研究。本节将从以下几个方面展开论述，以期更全面地了解心理语言学的内涵及其应用价值。

心理语言学可以被理解为一门研究语言与心理过程之间相互作用的学科。这种相互作用体现在，语言作为人类最重要的沟通工具之一，不仅仅是传递信息的工具，更是表达情感、思维和认知的方式。心理语言学通过探究语言的结构、语义和语音等方面，揭示了语言如何在儿童心理发展过程中发挥作用。例如，通过研究语言中的语法结构和词汇选择，可以了解儿童的思维方式和认知偏好。此外，心理语言学还关注语言与社会文化之间的相互关系，通过研究不同语言背景下的语言使用和表达习惯，可以揭示语言如何影响个体和社会的心理过程。

心理语言学也可以被理解为一门研究语言对心理过程产生影响的学科。语言不仅仅是一种表达工具，更是塑造和影响儿童心理过程的重要因素。心理语言学通过研究语言对情感、情绪和认知等心理过程的影响，揭示了语言如何塑造儿童的思维模式和行为方式。例如，不同语言中的词汇和表达方式会对儿童的情绪和情感产生不同的影响，从而影响儿童的行为和思维方式。同时，心理语言学还关注语言与个体心理发展之间的关系，通过研究语言使用和发展阶段之间的关系，可以揭示语言如何影响个体心理发展。

此外，心理语言学还可以被理解为一种应用学科，它可以应用于教育和语言治疗等领域。心理语言学的研究成果可以帮助教师更好地理解儿童的语言学习过程，从而提供更有效的教学方法和策略。例如，心理语言学研究发现，儿童在语言学习过程中，往往会受到情绪因素的影响，如焦虑、恐惧等。教师可以通过观察和干预儿童的这些情绪因素，来提高儿童的语言学习效果。此外，心理语言学还可以帮助语言治疗师了解语言障碍背后的心理过程，从而制定出更恰当的治疗方案。例如，研究发现，语言障碍往往与个体的情绪、认知和社交能力等心理因素密切相关。因此，语言治疗师需要深入了解患者的心理状况，以便制定更有效的治疗方案。

综上所述，心理语言学作为一种跨学科领域，其研究内容丰富多样，涉及语言与心理过程之间的相互作用、语言对心理过程的影响以及心理语言学在教育和语言治疗等领域的应用。未来，心理语言学的研究将继续深入，为更好地理解和解决人类心理活动中的语言问题提供有力支持。

三、心理语言学的主要内容

心理语言学是一门研究人类语言行为、语言习得、语言理解、语言产生以及语言障碍等语言现象的学科。该学科涉及心理学、语言学、神经科学等多个领域，具有重要的理论和实践意义。

心理语言学的主要研究方向包括习得、理解、产生、障碍、语言与思维、神经认知等。习得是指个体通过接触和交互，逐渐掌握语言的过程。理解是指个体对语言的意义和结构进行分析和理解的过程；产生是指个体运用语言表达思想和情感的过程；障碍是指个体在语言习得、理解、产生等方面出现困难和障碍；语言与思维是指语言是人类思维的重要工具，二者相互影响、相互作用；神经认知是指神经科学和语言学交叉领域的研究，旨在探究大脑与语言行为之间的关系。

下面重点分析语言习得与语言理解这两个方向。

语言习得是指个体通过接触和交互，逐渐掌握语言的过程。语言习得的研究主要涉及语言获得、语言习得机制、语言习得障碍等方面。语言获得是指个体通过观察和模仿，获得语言的能力。语言习得机制是指个体通过学习和经验获得语言能力的过程。语言习得障碍是指个体在语言习得过程中出现的困难和障碍。例如，儿童语言习得障碍是指儿童在语言习得过程中出现的语言困难，如语言表达不清、听不懂语言等。

语言理解是指个体对语言的意义和结构进行分析和理解的过程。语言理解的研究主要涉及语义理解、语法理解、语用理解等方面。语义理解是指个体对语言的意义和内涵进行理解和解释的过程；语法理解是指个体对语言的语法结构和规则进行理解和解释的过程；语用理解是指个体对语言在特定情境下的使用和表达进行理解和解释的过程。例如，语用理解的研究涉及语篇理解、对话理解、言语行为理解等方面。

第二节　社会语言学

一、社会语言学的兴起

社会语言学（Sociolinguistics）这一学科在20世纪60年代率先在美国兴起，被视为一门边缘学科。部分学者倾向于将其称为现代社会语言学，以强调对社会语言问题的研究并非始于20世纪下半叶。然而，大多数学者普遍认为，社会语言学作为独立学科得到广泛认可和蓬勃发展仅20余年。这一时期的表现包括各国成立社会语言学学术机构、出版众多专著和文集、大学开设专题课程、培育专业研究队伍以及举办国际学术会议、发行国际专业刊物等。社会语言学的蓬勃兴起有三个大前提。

首先，互联网和全球化的快速发展为社会语言学的研究提供了丰富的素材和广阔的舞台。互联网的普及使得世界各地的信息传播变得更加便捷，各种语言和文化交融碰撞，为社会语言学的研究提供了丰富的实例。全球化进程的加速也使得跨文化交流成为常态，进一步推动了社会语言学的繁荣。

其次，我国经济社会的快速发展带动了教育事业的长足进步，为语言学及相关领域的研究提供了强大的支持。随着我国在国际舞台上的地位日益提高，越来越多的人开始学习汉语，汉语言文字学的研究也得到了广泛关注。这为社会语言学的发展提供了良好的环境。

最后，人工智能、大数据等技术的飞速进步为语言学的研究提供了新的方法和手段。通过大数据分析，研究者可以更深入地探讨语言与社会、文化、心理等方面的关系,为社会语言学的发展注入新的活力。同时,人工智能技术的发展为语言教学和语言学习提供了新的途径,使得更多的人能够参与到语言学的研究中来。

在这个大背景下,我国社会语言学的研究取得了一定的成果。不仅在理论研究上取得了突破,还在实践应用中发挥了重要作用。例如,在社会语言政策的制定、民族语言保护、外语教育、语言康复等方面,社会语言学的研究成果都发挥了积极作用。

然而,面对新的机遇和挑战,社会语言学的研究也需不断革新和发展。在今后的工作中,社会语言学者们应继续关注社会变迁和科技进步对语言的影响,深入研究语言的本质和社会属性,为我国的语言政策和语言教育提供更有针对性的建议。同时,加强跨学科合作,借鉴其他学科的优秀理论和方法,提高社会语言学的研究水平,为推动我国社会语言学的繁荣发展作出更大的贡献。

总之,社会语言学在我国正面临着前所未有的发展机遇。在新的历史条件下,社会语言学者们应把握时代脉搏,紧跟科技发展潮流,努力推动我国社会语言学的繁荣。同时,关注社会现实问题,发挥社会语言学的实用性,为我国的语言生活和社会发展贡献智慧和力量。

二、社会语言学的研究内容

(一)语言与方言

传统语言学将语言视为一个具有统一语音、语法和词汇规则的符号系统,而方言则是这个系统中的分支。然而,在许多地区,语言与方言之间的界限并非完全基于语言系统的结构。

从社会和历史的角度来看,语言、方言以及其他具有完整系统的语言变体之间可以总结出以下四项区别性特征。

社会政治因素。不同地区和社会群体对语言和方言的认同和划分是基于政治和历史的考虑，而非仅仅依赖于语言系统的结构。

地理分布。语言和方言的划分与地理分布密切相关。随着地域的变迁，语言和方言也会发生相应的变化。

文化传承。语言和方言是文化传承的重要载体。不同地区的人们通过语言和方言来表达自己的文化特色和认同感。

交流与融合。语言和方言之间的交流和融合会促使它们发生变化。在接触和交流的过程中，语言和方言可能会发生相互影响、融合或分化。

总之，语言和方言的划分是一个复杂的社会现象，其界限并非固定不变。在分析和探讨这一问题时，我们需要综合考虑社会、历史、文化和地理等多个方面的因素。

（二）语言与性别

在开始我们的探讨之前，我们先要明确两个关键概念：生理性别和社会性别。生理性别通常指的是生物学上的男性和女性，这是人类基本的生物分类。然而，社会性别远不止于此。它是一种社会建构，是一种文化、社会和心理层面的性别认同，而非纯粹的生物属性。社会性别包括了许多社会和文化因素，如性别角色、性别歧视、性别认同等，这些因素在很大程度上影响着人们的生活。

那么，为什么人们需要区分生理性别和社会性别呢？原因在于，这两种性别在很大程度上影响着人们的生活质量和机会。生理性别在很多情况下，成为社会性别歧视和划分的基础。例如，在工作机会、教育机会、社会待遇等方面，生理性别不同的个体可能会受到不公平的对待。这种不公平很大程度上源于社会性别刻板印象和性别歧视。因此，理解生理性别和社会性别的区别，有助于人们揭示这些不公平现象的根源，从而寻求解决办法。

接下来，大家来看看为什么语言研究对女性主义者如此重要。语言是人们表达思想、传递信息和塑造观念的工具，它在人们日常生活中起着至关重要的作用。语言不仅反映了社会现实，而且塑造了人们的认知。对于女性主义者来说，语言研究有助于揭示社会性别歧视和偏见，以及社会对女性的刻板印象。通过语言研究，人们可以发现并批判具有性别歧视的语言表达，从而推动性别平等和消除歧视。

1. 语言学中的性别区分

在人类历史的长河中，关于性别、语言以及文化差异的探讨一直备受关注。早期关于男女与语言的研究，主要集中在性别差异方面。这些研究由对人类学感兴趣的欧洲人（以及其他"西方人"）发起，他们热衷于探索语言中的"奇风异俗"，如语音模式、词汇和句子结构等方面的性别差异。

这些研究揭示了一个显著的现象：在男性与女性之间，存在着不同的代词和词缀用法。这种差异体现在讲话者、讲话接收者以及被谈论的对象身上。在大多数欧洲语言中，性别区分并不明显。例如，英语和丹麦语等日耳曼语系的语言中，代词系统仅在第三人称单数形式中表现出性别差异（如he/him, she/her）。这意味着，当一个人与另一个人谈论第三个人时，性别得以明确表示。

而在法语、意大利语和西班牙语等罗曼语系的语言中，代词系统与日耳曼语系相似，只是在第三人称复数形式中增加了性别标识。另一方面，阿拉伯语的口语在第二人称单数（you）上也有生理性别标识。因此，在用词称呼一个人为"你"时，所使用的代词会根据对方的生理性别而有所不同。

这种性别差异在语言中的表现，反映出不同文化背景下对性别角色的认知和理解。在某些文化中，性别差异被视为一种自然现象，而在其他文化中，性别差异则被认为是社会建构的。然而，不论哪种观点，都无法否认性别差异在语言使用中的实际存在。

此外，随着全球化的推进，不同国家和地区之间的文化交流日益频繁。这也使得人们更加关注语言中的性别平等问题。许多国家已经在语言教材和日常生活中提倡性别中立的语言用法，以消除性别歧视。然而，要彻底消除语言中的性别歧视，仍需付出更多的努力。

总之，性别差异在语言中的表现是一个复杂且多元的现象。它受到文化、历史和社会背景的影响，并在不同语言和地区呈现出不同的特点。随着全球化的推进和性别平等意识的提高，未来关于性别与语言的研究将继续深入，以期消除语言中的性别歧视。

在社会内部，语言上的性别划分可能成为社会斗争的场所，这不仅是个人之间的斗争。以日语为例，过去曾有过男女专用词语的区分，但现在这些性别专有词语已不再被使用，一些过去专有的语言形式如今已不再是专为某一性别所独有。这一变化反映了社会文化观念的演变，以及对性别角色和语言规范的不断调整。随着社会的发展，语言中的性别差异将继续发生变化，而人们对这些差异的理解和认识也将不断丰富。

2. 生理性别与社会性别

在人类行为的研究中，人们对于某些方面有着较为明确的认知，如在社会性别化的行为领域。在这种环境下，男女被迫遵循传统规定，采用不同的语言形式，因此，"选择"这个词在这里或许并不恰当。

在社会性别化的行为中，语言交往行为只是其中一个方面。在其他方面，如性别角色、性别歧视、性别认同等，人们也能够观察到类似的现象。这些现象在不同文化、不同社会背景下有着不同的表现形式，但其本质均为社会心理性的部分。通过对这些现象的研究，人们可以更好地理解人类社会行为的复杂性，以及性别在社会中的建构与再现。

总之，在处理各种习得行为，尤其是语言交往行为时，需要关注社会性别化的现象。这不仅包括在特定社会环境中遵循性别特定的语言规范，还包括在其他方面的性别差异。在分析这些现象时，应将它们置于社会关系的背景之中，从而更好地理解人类行为的复杂性。在此基础上，才能在现实生活中消除性别歧视，实现真正的性别平等。

第三节　语料库语言学

语言学是指对语言的科学研究，是一门纯理论的学科。根据研究角度的不同，可以将语言学分为语料库语言学、历时语言学、共时语言学、结构语言学等不同的分支。

语言是人类社会的重要组成部分，同时也是思维和交流的工具。随着社会的发展和科技的进步，语言也在不断地变化和演变。为了更好地理解和描述这种变化，语料库语言学应运而生。它通过对大量实际语言文本的研究，揭示了语言的内在规律和外部表现。

语料库语言学从20世纪五六十年代出现至今已有半个多世纪了，随着计算机技术的发展，目前语料库语言学已经成为语言研究的主流。语料库语言学是利用计算机和大规模语料库对语言词汇、语法、语义、语篇、语域变异、语言习得、语言历史发展和语言风格进行研究的学科。它利用计算机来标注、检索和统计语料，并对检索的语言实例和统计的语言数据从功能上进行语言学解释。语料库语言学是一门以实际语言运用为研究对象的学科，它致力于探索和分析语言的实际运用情况。语料库语言学的研究内容非常广泛，大致包括以下三个方面：语料库的建设与编纂、语料库的加工和管理以及语料库的应用。

在语料库语言学的研究中，文本是至关重要的研究对象。这些文本反映了语言的实际使用情况，为语言描述和论证提供了有力的证据。通过对这些文本的深入研究，研究者们可以揭示语言的多样性、复杂性和动态性。因此，文本分析成为语料库语言学研究的基石。

除此之外，语料库语言学还关注语言条目在语料库中的分布情况。这种分布情况揭示了语言条目的使用频率和使用范围，对于了解语言的规律和特点具有重要意义。通过对这些数据的统计和分析，研究者们可以更加精确地描绘语言的面貌，为语言教学、翻译和人工智能等领域提供理论支持。

总之，语料库语言学是一门具有重要意义的学科，它为人们理解和描述语言提供了有力的工具。通过对词汇、词汇语法和文本分布的研究，可以深入了解语言的本质和规律，为语言教学、翻译和人工智能等领域提供理论支持。在未来的发展中，语料库语言学将继续发挥重要作用，为语言学和相关领域的研究提供有力支撑。

第四节 文化语言学

一、文化语言学的定义

人类文化语言学（ethnolinguistics）是一门新兴的交叉学科，诞生于语言学与文化人类学的交融领域。它关注的核心议题是"语言、思维、文化及其关系"，这是当前语言研究中最具活力和潜力的探索方向。语言、思维与文化的关联，亦被称为语言世界观，这是一个历史悠久的研究领域，其根源可追溯至古希腊古典时期。

自18世纪启蒙运动兴起，德国、法国、英国等国的思想家们开始对语言世界观问题展开深入探讨。他们逐渐明晰了这一问题的内涵，使其从哲学思辨的范畴上升至经验科学的领域。在这一过程中，哲学家、语言学家和人类学家们共同努力，推动了语言世界观问题的研究不断发展。

进入20世纪20年代，哲学人类学和人类语言学的崛起，进一步凸显了语言世界观问题在现代语言学和文化人类学中的核心地位。这两个领域的研究者们，通过跨学科的方法和视角，对语言世界观问题进行了深入剖析。在这个背景下，学术界，包括语言学家、人类学家、语言哲学家等在内的学者们，纷纷将研究焦点投向语言世界观问题，并围绕这一主题展开了持续不断的探索。这场探索的成果丰硕，影响深远。它不仅推动了理论语言学、社会语言学、心理语言学、应用语言学等学科的发展，还催生了许多相关分支学科。在研究过程中，学者们逐渐意识到语言世界观问题的复杂性和重要性，进一步揭示了语言与现实、思维、文化之间的密切联系。

时至今日，语言世界观问题的研究仍在不断拓展和深化。广大学者们继续从多学科交叉的角度，探讨语言的本质、功能和作用，以及语言在构建人类认知和世界观中的关键地位。在这个充满挑战和机遇的领域里，研究者们积极寻求新的理论突破和实践应用，以期为人类更好地理解和掌握语言提供有力支持。

语言、思维和文化的关系一直以来都是学术界关注的焦点，尤其是以西方为主的学者们在这一领域进行了长期而深入的研究。他们的研究成果丰硕，理论体系不断完善，为我们的认识提供了宝贵的启示。然而，由于语言、思维和文化的关系的综合性、复杂性，一些理论和实践问题依然困扰着相关学科的学者们。这些问题不仅涉及基础理论的构建，还包括实证研究的方法论，以及如何在多元文化背景下进行跨文化比较研究等。

在这样的背景下，人类文化语言学应运而生，它以跨学科的研究视角，致力于解决语言、思维和文化之间的关系问题。人类文化语言学不仅关注语言的结构、功能和演变，还将思维方式、文化价值观纳入研究范畴，从而揭示了语言、思维和文化之间的互动关系。这使得我们能够从更深层次、更全面的角度去理解和解读这一领域的一系列复杂问题。

随着研究的深入和扩展，人类文化语言学不断提出新的理论观点和研究方法，以应对不断涌现的新问题。例如，神经语言学、认知语言学、社会语言学、跨文化交际等领域的兴起，为语言、思维和文化关系的研究提供了新的理论支撑和实践路径。此外，随着全球化进程的加快，多元文化语境下的语言、思维和文化冲突与融合现象也引起了学者们的关注，这使得人类文化语言学的研究更具现实意义。

在我国，人类文化语言学的研究也取得了一系列重要成果。学者们结合我国的实际情况，探讨了汉语的语言特性、汉民族的思维模式和文化价值观。此外，我国学者还积极参与国际学术交流，借鉴国外先进理论，为我国的人类文化语言学研究提供了丰富的理论资源和实践经验。

总之，人类文化语言学作为解决语言、思维和文化关系问题的关键学科，不仅有助于我们深入理解这三个领域之间的内在联系，还能为我们解决现实中的问题提供理论依据。随着研究的不断推进，人类文化语言学将为我们解锁更多关于语言、思维和文化的奥秘，推动相关学科的发展。在这一过程中，我国学者将继续发挥积极作用，为世界人类文化语言学研究作出更大的贡献。

二、文化语言学的研究对象

（一）语言和文化的"同一性"

语言和文化的"同一性"是一个具有重要意义的话题。语言作为文化符号的载体，是一种具有工具效能的知识体系，同时也是人类对客观世界认知的符号系统。首先，语言是文化的载体。语言作为文化的一部分，承载着大量文化信息。符号体系的形式实现了对文化的建构和传承。人们在习得一种语言的同时，也接触到了相应的文化内涵。其次，文化是语言的灵魂。语言与文化相互依存，文化是语言的底蕴。一种语言的产生、分布、流传与相应的文化的产生、分布和流传在时间和空间上具有一致性。语言是文化的表现形式，失去了文化，语言就失去了生命力。最后，语言与文化相互影响。语言和文化之间存在相互影响的关系。语言反映了文化的特点，同时，语言的变迁也会引起文化的变革。二者相互作用，共同推动人类社会的发展。

语言在文化传承中有如下作用。首先，传播文化价值观。语言作为文化符号，传递了民族传统、道德观念、审美情趣等文化价值观。人们在习得语言的过程中，将这些文化符号融入自己的思想行为，使之成为自己的价值取向。其次，塑造文化认同。语言是民族文化的载体，体现了民族认同感。掌握一种语言，就是认同这种文化，从而增强民族团结，促进文化交流。最后，传承文化知识。语言是文化知识的媒介，通过语言，前人的智慧得以传承，为后人提供文化底蕴。语言的流传推动了文化的延续和发展。

总之，语言和文化的"同一性"表现在它们之间的紧密联系和相互依赖。语言作为文化的载体和表现形式，传递着丰富的文化信息。人们在习得语言的过程中，也习得了相应的文化，使之成为自己的价值观念和行为准则。了解一种文化，就需要学习体现这一文化的语言。从这个意义上说，语言和文化在某种程度上是一体的，它们共同构成了人类社会的丰富多样性。

(二)语言和文化的"可变性"

作为民族的精神纽带,语言和文化承载着民族的历史、传统与智慧。在我国多元民族文化的交融与发展中,语言和文化表现出显著的可变性。本节旨在分析语言和文化的民族性及其可变性,并探讨在社会发展变化背景下,民族文化交流的重要性和翻译在其中的作用。首先,语言是民族的重要标志,不同民族拥有各自独特的语言。各民族语言在语音、词汇、语法等方面存在差异,体现了民族文化的个性。其次,文化是民族的灵魂,各民族文化各具特色。在我国,各民族文化交融,共同构成了中华民族丰富多彩的文化画卷。

语言和文化的可变性表现为如下两点。一是语言的可变性。语言是社会发展的反映,随着时代的变迁和社会的发展,语言也会发生变化。例如,新词汇的产生、旧词汇的淘汰以及语法规则的调整等。二是文化的可变性。社会文化的发展变化源于民族间的交流与互动。在文化交流过程中,各民族相互借鉴、取长补短,促使文化不断创新和发展。

总之,语言和文化的民族性和可变性是相互关联的。在社会发展变化的背景下,民族文化交流日益密切,翻译在其中发挥着至关重要的作用。通过翻译,各民族可以更好地了解和借鉴其他民族的文化,促进民族文化的发展和创新。在这个过程中,语言和文化的民族性和可变性得以充分体现,为中华民族的文化繁荣注入了新的活力。

第五节 儿童语言学

一、儿童语言学的定义

儿童语言学,又被称为"儿童语言发展学"或"发展语言学",其研究对象并不仅限于儿童掌握母语口语的过程，而是更广泛地涉及儿童语言学习的各个阶段和各方面。

狭义的儿童语言学，主要关注的是儿童掌握母语口语的过程，特别是儿童早期掌握母语的过程。这一过程是儿童语言学习的基础，对于儿童语言的进一步发展有着重要的影响。

广义的儿童语言学的研究对象主要有四个方面。第一个方面是第一语言口语学习，这是儿童语言学习的第一步，对于儿童的语言理解和表达能力有着重要的影响。第二个方面是第一语言书面语学习，这是儿童语言学习的重要环节，对于儿童的语言组织和表达能力有着重要的影响。第三个方面是儿童的非第一语言学习，这是儿童语言学习的重要组成部分，对于儿童的跨文化交际能力和语言理解能力有着重要的影响。第四个方面是语言障碍儿童的语言配建与康复，这是儿童语言学习的重要领域，对于提高儿童的语言理解和表达能力有着重要的影响。

儿童语言的发展是一个复杂且持续的过程，大致可以分为语言准备、语言习得、语言运用三个阶段。

在语言准备阶段，儿童开始对语言产生兴趣，并试图理解周围的语言环境。这一阶段的特点是儿童学习语言的语音、语调和语速，并逐渐理解语言的基本规则和结构。这一阶段涉及儿童对声音和语言符号的识别和理解，以及对语言的初步掌握。

在语言习得阶段，儿童开始学习语言的实际应用。这一阶段的特点是儿童学习语言的词汇、语法和句法，并逐渐掌握语言的实际运用能力。这一阶段涉及儿童对语言的听、说、读、写四项技能的学习，以及对语言的深入理解和运用。

在语言运用阶段，儿童开始运用语言进行有效的交流和表达。这一阶段的特点是儿童学习语言的社交功能和情感表达，并逐渐掌握语言的运用能力。这一阶段涉及儿童对语言的社会和文化背景的理解，以及对语言的灵活运用和情感表达。

儿童语言的发展是一个持续的过程，涉及许多不同方面的因素。其中，生理因素包括儿童的神经系统发育、大脑结构和功能的发展等，这些因素影响着儿童对语言的感知和理解能力。心理因素包括儿童的心理发展、情感和认知能力等，这些因素影响着儿童对语言的运用和表达能力。社会因素包括儿童的家庭、学校和社区等环境，这些因素影响着儿童的语言习得和发展。教育因素包括儿童的语言教育和发展，这些因素影响着儿童的语言习得和发展。

二、儿童语言习得研究

在学校教育中，不同年级的儿童受其自身语言学能、学习经验和语言知识积累等诸多因素影响，听说读写能力发展各异。

（一）儿童语言习得关键期

关键期是生物个体的普遍现象，语言习得在母语学习中存在关键期已被证实，20世纪五六十年代被拓展到语言习得领域；Penfield和Roberts[1]提出了关键期假说，并将这一概念运用到儿童二语习得研究的领域，Lenneberg在特殊语言障碍儿童研究方面拓展了这一理论，从此二语习得领域开始有大量实证研究；Johnson和Newport[2]通过实验证明了关键期假说的存在。[3]

学界对关键期的年龄段界定也存在争议，那么到底是从几岁开始呢？心理语言学家Lenneberg[4]认为关键期的年龄为从2岁到青春期14岁之间，

---

[1] Penfield W, Roberts L. Speech and brain mechanisms[M]. Princeton：Princeton university press, 1959：177.

[2] Johnson J M. Doing field research[M]. New York：Free Press, 1975：243.

[3] 崔刚.关于语言习得关键期假说的研究[J].外语教学，2011，32（03）：48-51.

[4] Lenneberg E H. Biological foundations of language[M].New York：Wiley, 1967：321.

Krashen[1]认为仅在5岁以前；Penfield认为可以延长到9岁前后[2]；Pinker[3]认为从6岁起到青春期；而Johnson和Newport[4]将其界定在2—15岁。不同的学者对其定义各有区别，但无外乎从幼儿阶段起到青春期截止，这和学者们研究的相关内容有密切关系，时间截止较短的特指语音的关键期，而将时间定义为青春期截止的，不仅指语音习得，还包括词法、句法的习得。

本书认为语言习得存在关键期，尤其是针对儿童习得语言，无论是习得母语、国家通用语还是外语，虽然学习者最终的语言能力和母语者相比或许还存在差异，但是针对习得纯正的语音，习得语言的关键期是很有必要的。由于本研究的母语非汉语的少数民族儿童，年龄跨度在6—14岁之间，故本研究采取Johnson和Newport界定的关键期时间：2—15岁。

（二）儿童语言能力的研究

1. 儿童听、说、读、写语言能力的研究

涉及儿童语言听、说、读、写四项技能的研究成果，较多地体现在跟幼儿或者儿童相关的阅读能力，汤爱平、张厚粲[5]针对课外阅读对儿童阅读的影响进行了研究，随着年龄增长，课外阅读可以促进阅读理解和阅读技能的形成；姜涛、彭聃龄[6]通过测验成绩研究汉语儿童的语音意识特点与阅读能力高低读者的差异；孟祥之、舒华[7]用实验的方法，采用听写和选择任务的方式，对比了不同阅读水平儿童在汉字字形输出和汉字再认过程中的区别，

---

[1] Krashen S. Liberalization, language learning and critical period: some new evidence[J]. Language Learning, 1973（23）: 10.

[2] 段胜峰，吴文.生物语言学视野中"儿童语言习得关键期"推析[J].外语学刊，2014（6）: 122-126.

[3] Pinker S. The language instinct[M]. New York: Morrow, 1994: 111.

[4] Johnson J M. Doing field research[M].New York: Free Press, 1975: 307.

[5] 汤爱平，张厚粲.课外阅读对儿童阅读的重要影响[J].心理科学，1997（5）: 450-452.

[6] 姜涛，彭聃龄.汉语儿童的语音意识特点及阅读能力高低读者的差异[J].心理学报，1999（1）: 60-68.

[7] 孟祥之，舒华.不同阅读水平儿童的汉字字形输出与再认[J].心理学报，2000（2）: 133-138.

汉字声旁的规则性影响所有阅读水平儿童听写和选择的正确率；王燕[1]采用文献综述的方法，对汉语阅读过程中语音介入问题、语音意识在汉语儿童汉字认知中所起的作用、声旁意识在汉语儿童汉字认知中的作用、言语工作记忆在汉语儿童词汇认知中的作用进行了探讨；叶丽新[2]团队对上海市中小学生汉语阅读能力分级标准给出了明确要求。汪翔[3]将中国四年级小学生和泰国大学二年级学生的汉语水平测试成绩进行对比，发现无论是从整体上，还是在语法、词汇、汉字、阅读等方面，中国四年级小学生要比泰国大学二年级的学生水平高，于是从汉语在语言学习中的性质、学生的学习态度、汉语自身的难度、教材编写、课堂教学等方面探究了相关原因，并给出了建议。还有学者研究了不同因素对阅读能力的影响，如李莉[4]对4—6岁儿童词意识的发展进行了相关研究，考查该年龄段幼儿词意识发展的年龄、发展阶段、特点以及成因，探讨早期的读写能力对词意识是否具有影响，研究结果表明，相关性并不显著；陈元芬[5]通过对0—3岁、3—6岁幼儿早期家庭教育中幼儿的语言能力和阅读习惯的养成进行调查研究，发现应注重幼儿口语表达能力，帮助幼儿养成良好的阅读习惯，从而提升幼儿的语言能力；姚慧临、李洁等[6]从父母陪伴阅读角度，对幼儿早期阅读能力的影响进行实证研究，研究结果表明，父母陪伴的方式对幼儿早期阅读能力的培养起正向影响作用。

综上所述，对于儿童听说读写的能力，学者们集中在阅读技能的研究上，当然也有个别学者涉及听说读写全部技能，但研究不够细致，只是泛泛而谈。所以对于儿童语言的四项能力，研究较少的能力还有较为广阔的研究空间。前人对阅读能力的分级标准、阅读中汉字识别、听写等相关研究成

---

[1] 王燕.汉语儿童阅读能力发展中的语音加工技能研究[J].心理科学进展，2004（4）：489-499.
[2] 叶丽新.上海市中小学生汉语阅读能力分级标准[J].上海课程教学研究，2016（6）：61-68.
[3] 汪翔.中外学生汉语能力要求与实际水平对比研究[D].南宁：广西民族大学，2011：33.
[4] 李莉.4—6岁汉语儿童词意识发展研究[D].西安：陕西师范大学，2013：15.
[5] 陈元芬.早期家庭教育中幼儿语言能力和阅读习惯的培养[D].贵阳：贵州师范大学，2014：21.
[6] 姚慧临，李洁，周丽，等.父母陪伴阅读对幼儿早期阅读能力的影响[J].中国学校卫生，2017（4）：519-522.

果，也为本研究开展提供参考。

2. 对于语言能力与之相关性的研究

李荣宝、李光泽等[1]从语言经验角度着手，研究语言经验是否对方言儿童元语言意识和语言能力具有影响，通过多项测试发现，相比单一普通话儿童，方言儿童元语言意识和语言能力发展都明显滞后，元语言意识各个维度作用于语言能力的不同侧面。余晓琦[2]针对3—6岁幼儿口语与早期阅读发展水平的相关性进行了研究，结果表明，这个年龄段的幼儿口语与早期阅读发展有显著相关，特别是自由讲述与早期阅读发展水平，呈相互预测的关系；陈倩倩[3]对4岁和6岁儿童语言能力、情绪知识与自传体记忆的关系进行了研究；张琴[4]的研究表明，4岁儿童的语言能力与情绪理解、母子互动、性别因素等呈显著相关；王苏苏[5]对4岁幼儿执行功能与语言能力关系进行了研究；贺同华[6]对5—6岁幼儿学习品质与语言能力关系进行了研究。以上研究表明，幼儿的语言能力与多种因素相关，诸如口语、情绪知识、自传体记忆、母子互动、学习品质等，都会影响儿童语言能力的培养，这些因素在提升儿童语言能力时不容小觑。

3. 关于儿童语言能力个案的研究

对于儿童的个案研究，刘晓燕[7]以多彩光谱的语言评估活动为工具，关注幼儿个体差异，运用实证研究方法，对五六岁幼儿的口语的个体差异进行研究，对影响因素进行分析，发现幼儿口语的差异可以分为量和质的差异。从量的角度来看，性别对讲述字数差异不大。从质的角度来看，不同的语言

---

[1] 李荣宝，李光泽，苏炎奎，等.语言经验对方言儿童元语言意识及其语言能力的影响研究[J].语言文字应用，2016（1）：26-35.

[2] 余晓琦.3—6岁幼儿口语与早期阅读发展水平的关系研究[D].上海：华东师范大学，2007：15.

[3] 陈倩倩.4岁和6岁儿童语言能力、情绪知识与自传体记忆的关系[D].上海：东北师范大学，2009：31.

[4] 张琴.4岁儿童语言能力、情绪理解、母子互动对亲社会行为的影响[D].大连：辽宁师范大学，2013：22.

[5] 王苏苏.4岁幼儿执行功能与语言能力关系研究[D].重庆：西南大学，2014：17.

[6] 贺同华.5—6岁幼儿学习品质与语言能力的关系研究[D].太原：山西师范大学，2018：15.

[7] 刘晓燕.幼儿口语的个体差异研究[D].上海：华东师范大学，2002：11.

活动中语言水平存在差异。此外，语言能力要素表现水平也存在差异，同一语言活动中，得分相同的幼儿在语言能力的要素上存在显著差异，不同学习方式的幼儿讲述特点有明显差异，无论是从量还是质的角度来看，幼儿的兴趣都将影响讲述内容，所谓兴趣才是最好的老师。熊伟[1]对小班幼儿语言能力培养进行了个案研究，分析了培养语言能力的相关影响因素，提出了培养策略。陶柳桢[2]的个案研究，从家庭、幼儿园以及家园合作的角度，提出有针对性的策略以期提高改善幼儿的语言教育发展的质量。以上研究是针对儿童个案，重在叙事研究，重在对儿童的观察和跟踪，重在分析儿童语言能力现状和语言发展问题，有预测有展望还有待于用实证来证明，为后人研究留有足够空间。

第六节　数理语言学

一、数理语言学的界定

语言符号，作为一种表达思想和交流信息的工具，具有多义性、比喻性、含义界限的不明确性和意义的可变性等特性。这些特性使得自然语言成为一种没有严密组织的扩散体系。自然语言的这种结构特点，使其在很大程度上依赖于人们的直觉感知和实际运用。然而，与自然语言形成鲜明对比的是，数学语言是一种组织严密的体系。作为逻辑结构它赋予每一个元素以明确的意义，显示出其独特的存在和作用。

---

[1] 熊伟.小班幼儿语言能力培养的个案研究[D].武汉：华中师范大学，2013：14.
[2] 陶柳桢.中班幼儿语言能力培养的个案研究[D].桂林：广西师范大学，2017：13.

我国学者蔡仲（1996）就曾指出，数学作为一种认知结构，构成了人类通过思维活动认识物质世界的基础。[1]数学是一种精确可靠的语言，它能够揭示隐藏的规律，使认识客观化。美国语言学家L.布龙菲尔德（1933）也认为，数学是语言所能达到的最高境界。马克思更是在早年预言："一种科学只有在成功地运用数学时，才算达到了真正完善的地步。"[2]

数学与语言学的结合，孕育出了一个新兴的交叉学科——数理语言学。数理语言学是一门应用数学思想和方法来研究语言现象的学科，它旨在运用数学原理帮助人们更好地掌握、运用和研究英语等语言。在这个领域中，数学模型是一种形式化的抽象结构，它通过对现实原型的本质和关系进行数学语言的表达，从而实现对研究对象的深入探讨。数学模型可以是一个或一组方程式，也可以是一个或几个函数式，还可以是几何图形或网络等。

总的来说，数理语言学与数学有相似之处，它们都强调逻辑性和严谨性。然而，数理语言学又独具特色，它将数学的精准与语言的丰富相结合，为我们提供了一种新的视角来理解和探究语言的本质。这也预示着，在未来，数学与语言学的交叉研究将会在很大程度上推动我国社会科学的发展。

二、数理语言学的研究内容

数理语言学的研究内容涵盖了语言学、信息论、统计学、计算机科学等多个领域，其研究方法既包括传统的语言学分析，又包括现代的数学工具和计算机技术。数理语言学的研究成果，不仅对语言学的发展产生了深远的影响，同时也为其他学科的研究提供了新的视角和工具。

数理语言学是语言学、信息论、统计学、计算机科学等多个学科交叉的

---

[1] 蔡仲.数学与认知[J].南京大学学报（哲学人文社会科学），1996（2）：145-151.
[2] 成福伟，司志本.数学在交叉科学中的作用——浅谈数学向社会科学的渗透[J].承德民族师专学报，2003（2）：8-10.

产物，其研究内容丰富，研究方法多样，对于推动语言学的发展，提高语言信息处理的效率，以及促进其他学科的研究，都具有重要的意义。

数理语言学在过去的30年里经历了三个主要阶段，形成了计量语言学（或称统计语言学）、形式语言学（或称代数语言学）和算法语言学这三个组成部分。这些阶段相互关联，共同推动了数理语言学的发展。

计量语言学是数理语言学的第一个阶段，主要研究自然语言的统计特性。通过对大量语言数据进行分析和处理，研究者发现自然语言中存在一定的规律和模式。这些规律和模式为计算机处理和理解自然语言提供了可能。

随着研究的深入，数理语言学进入了第二个阶段——形式语言学。这一阶段关注的是人工语言的设计和分析，以及自然语言和人工语言之间的对应关系。形式语言学的研究成果为计算机翻译和信息处理提供了重要理论依据。

第三个阶段是算法语言学，主要研究如何利用算法实现自然语言的处理。在这一阶段，研究者致力于寻找更加高效、准确的算法，以提高计算机处理自然语言的能力。算法语言学的发展为机器翻译、语音识别等领域的人工智能技术带来了革命性的变革。

总之，数理语言学作为一门新兴学科，在机器翻译和人工智能等领域取得了丰硕的研究成果。随着科技的不断进步，数理语言学将继续发展，为计算机科学和人工智能技术提供更强大的支持。同时，数理语言学的研究成果也将有助于我们更好地理解和利用自然语言，推动人类社会的发展。

第七节　计算语言学

一、计算语言学的定义

计算语言学作为一门涉及计算科学与语言学的交叉学科，具有丰富的研究内容和广阔的应用前景。从不同立场和维度审视计算语言学，有助于我们更全面、深入地理解这一领域的本质、发展历程和未来趋势。

计算语言学主要研究自然语言与计算机处理两大层面。

（一）自然语言

自然语言，如英语、汉语、西班牙语、法语等，是人们在日常生活中广泛使用的交流工具。这些语言在人类社会中扮演着至关重要的角色，不仅用于沟通思想、表达情感，还承载了各个领域的知识体系。自然语言的特性和规则是计算语言学研究的核心内容，因为这些特性和规则是计算机处理语言问题的基础和首要前提。

计算语言学是一门研究如何让计算机处理和理解人类语言的学科。在这个过程中，研究者需要深入探讨自然语言的内在规律，以便设计出更加智能的算法和模型。这些算法和模型可以帮助计算机实现诸如语音识别、机器翻译、情感分析等任务，从而更好地服务于人类社会。

自然语言的特性和规则包括语法、词汇、语义、语用、情感等方面。

语法是自然语言的结构规律，它决定了句子成分的排列组合方式。不同语言的语法规则各具特色，如英语和汉语的语法结构就有很大差异。研究语法规则有助于计算机更好地解析和生成语言。

词汇是自然语言的基本单元，它们通过组合形成句子。词汇的丰富性和多样性使得自然语言具有表达各种意义的能力。对于计算机来说，掌握词汇及其含义是实现语言处理的关键。

语义是自然语言的意义层面，它涉及词汇、句子和篇章层面的含义。计算机需要理解语义关系，才能真正意义上地理解人类语言。目前，许多研究致力于揭示语义关联的规律，以提高计算机处理语言的智能水平。

语用是指自然语言在实际交流中的应用，包括语境、语篇、修辞等。了解语用规律有助于计算机更好地适应实际场景，提高交流效果。

自然语言中蕴含着情感信息，这些情感反映了说话者的态度和观点。计算机识别和处理情感信息，有助于实现更加人性化的交互。

总之，自然语言的特性和规则是计算语言学研究的重点，掌握这些规律有助于发展更加高效、智能的计算机语言处理技术。随着人工智能技术的不断发展，未来计算机在处理自然语言方面的能力有望不断提高，为人类社会带来更多便利。

（二）计算机处理

计算语言学是一门研究如何让计算机处理和理解自然语言的学科。在这个过程中，了解和掌握自然语言的特性和规则仅仅是第一步。知识挖掘、形式表示和软件编制三个步骤，构成了计算机处理自然语言的基本流程。

知识挖掘是计算语言学中的重要环节。要对自然语言的文字与各级语言单位的组合规则进行深入探究，挖掘出其中的规律性和特点。文字，即语言的书写系统，是表达语言信息的基础。而各级语言单位，包括音素、音位、语素、词、短语、句子、语篇等，是构建语言结构的基本单位。对这些单位进行研究，有助于人们更好地理解自然语言的内在机制。

形式表示是将自然语言的特性和规则以计算机可以理解的方式呈现出来。这需要将抽象的语言现象转化为具体的数学模型或逻辑形式，以便计算机能够进行处理。自然语言的规则复杂多变，因此，研究自然语言特性与规则之间的关系以及处理策略，并以形式化的方式表示出来，是十分必要的。

在完成了知识挖掘和形式表示之后，就可以开始编写处理自然语言的软件程序。通过选择合适的计算机程序和编程语言，将自然语言的处理逻辑嵌入到软件中，使其具备处理和生成自然语言的能力。这一步骤的目标是实现计算机对自然语言的自动化处理，从而满足人们在日常生活和工作中的需求。

二、计算语言学的研究内容

（一）计算语音学

计算机技术的发展历程可以说是一部不断创新和拓展的历史。从最早的仅限于数据处理和运算功能，到后来涉及图像、视频、网络等多个领域，计算机技术的应用范围不断扩大。在这个过程中，音频处理技术也逐渐崭露头角，使得计算机能够触及声音的世界。这就催生了一个新兴的学科领域——计算语音学。

计算语音学作为一门跨学科的领域，不仅涉及计算机科学，还包括语言学、声学、信号处理等多个学科。它的研究核心是如何让计算机能够理解和生成人类语音。为了实现这一目标，研究人员需要对人类的语音特征和变化规律进行深入研究，然后通过计算机技术将这些语音特征数字化，从而实现对语音的识别和合成。

在计算机语音识别领域，科学家们已经取得了一系列显著的成果。例如，Read Please等实用价值很高的语音软件，可以有效地帮助人们进行语音阅读。然而，尽管计算机在合成语音方面已经取得了很大的进步，但在识别语音方面仍存在一定的难度。这主要是因为人类的语音信号复杂多变，受到发音、语气、环境等多种因素的影响。因此，计算语音学的研究仍然具有很大的挑战性。

（二）计算词汇学

词汇是语言的基石，要让计算机能够有效地理解和处理语言，首先需要对语言中的词汇进行深入的分析和理解。

自动词法分析系统主要由两部分构成：一部词干词典和一套构词规则。词干词典包含单词的基本形式，构词规则描述了单词如何通过前缀、后缀或其他形态变化产生新的词汇。这种系统有助于计算机更好地识别和理解英语词汇的多样变化。

（三）计算语法学

在探索自然语言处理领域时，需要深入研究句子结构，以便更好地理解自然语言。为了实现这一目标，对句子进行语法分析是至关重要的。当人们用计算机处理句子时，表面上看来，它们只是一串词汇的组合，但实质上，需要计算机对它们进行深入的结构分析。

在分析过程中，要重点关注以下几个问题：首先，要判断句子中的一个词与其前后的词是否能组成一个句法结构。如果可以组成，接下来要确定这个结构是什么，以及它如何与其他词组成句法结构。不能组成句法结构的情况下，要思考这个词如何展开，它是如何与其他词组合以构成相应的句法结构，还是采用其他方式展开。为了解决这些问题，可以根据不同的分析内容采用不同的策略，这些策略也被称为算法。例如，自顶向下分析法、自底向上分析法和线图分析法等。然而，这些算法在实际语言情境中是否能顺利进行句法处理，还有待验证。

在自然语言处理领域，词法分析和句法分析是两个关键环节。词法分析关注词汇层面，如词性、词义等；而句法分析则聚焦于句子结构，旨在揭示句子中各成分之间的关系。通过这两个环节，可以更好地理解自然语言，从而在计算机领域实现更高效、更精确的语言处理。

在实际应用中，自然语言处理算法需要根据具体场景和需求进行优化和调整。例如，在机器翻译领域，句法分析可以帮助我们更准确地理解源语言和目标语言之间的关系，从而提高翻译质量。同样地，在语音识别和文本生成领域，句法分析也有助于提高识别和生成语言的准确性。

（四）计算语义学

语言，作为人类交流的重要工具，其形式与意义始终是紧密相连的。人们通过语言的形式，传递和表达着丰富的意义。然而，这种形式与意义的关系并非简单直接，而是呈现出复杂的层次性。计算语义学的研究，正是为了揭示其中的奥秘，让计算机能够更好地理解自然语言。

首先需要明确的是，语言形式与意义的联系在不同层次上有着不同的表现。比如，在音素这一层，语言形式与意义的关系可能相对简单；而随着层级的上升，如到词、短语、句子等层次，这种关系则会变得更加复杂。这就意味着，要全面理解语言的意义，我们需要从不同层次去分析语言的形式。然而，语言的复杂性远超想象。以词汇为例，同一个词汇在不同的语境中可能有着完全不同的含义，这就是一词多义的现象。要解决这个问题，就需要在计算机系统中构建一个语义网络，这个网络能够明确地描述同一词汇在不同环境中所呈现的不同含义。借助这样的语义网络，人们可以更加准确地理解词汇的真正意义，从而更好地分析语言形式与意义之间的联系。

为了使计算机能够更好地理解语言意义，还需要在系统中配备充足的资源。例如，构建一个庞大的词汇库，其中包含词汇的各种含义及其出现的语境；或者建立一个句子结构分析模型，以便更好地理解句子的意义。这样，计算机在处理语言时，就能更加全面、准确地理解其中的意义。

（五）机器自动学习

自然语言中蕴含了丰富的知识，这对于人工智能助手来说无疑是一座宝贵的知识宝库。然而，要从这座宝库中提取有价值的信息，解析每一个知识点，无疑是一项耗时耗力的工作。在传统的语言工程实施过程中，这种挑战显得尤为突出。为了克服这一难题，我们可以借助计算机的强大运算能力，设计并构建一个基于已有语言知识的分析模型。

值得注意的是，机器自动学习在语言处理领域的应用前景非常广泛。例如，它可以用于加工和标注语料库，为后续的语言分析提供高质量的数据支持。此外，机器自动学习还可以用于改进专家系统，使其能够更好地理解和处理复杂的语言问题。

总之，借助计算机运算技术，我们有望实现对自然语言的深度分析和理解，为语言工程的发展提供有力支持。通过设计并构建自动纠错和获取知识的系统，我们可以在节省人力和时间的同时，不断提升计算机在语言处理领域的智能水平。这将有助于推动我国语言工程领域的发展，为人工智能技术在各行各业的应用奠定坚实基础。

第五章　应用语言学与语言教学

　　应用语言学理论为英语教学提供了坚实的理论基础和丰富的实践指导。教师掌握一定的语言学知识，能够更好地调整教学策略，提升教学效率。为此，本章将深入探讨应用语言学与语言教学的相关内容，以期为英语教学实践提供更为全面和系统的理论支持。

第一节　语言教学与语言习得

一、语言教学

（一）语言教学的性质

语言教学，作为一种独特的教学实践活动，既是一门艺术，也是一门科学。这里的艺术性主要体现在教学方法上，旨在使语言教学具有艺术般的吸引力和感染力，从而激发学生的学习热情和积极性。而科学性则体现在对语言学习过程的深入理解和准确把握，以及对教学方法的严谨选择和运用。

语言作为一种复杂的社会现象，其学习过程是一个复杂的心理过程。在教学过程中，各种复杂的矛盾和问题都会随之而来，如何妥善处理这些矛盾，正是语言教学艺术性的体现。教师需要运用科学的教学方法，巧妙地化解这些问题，使教学过程顺利进行。

语言学习的过程往往显得枯燥乏味，学习者需要大量记忆并反复操练。在这个过程中，学习者很容易产生畏难和厌学情绪。要让学习者克服这一困难，教师就需要在教学过程中注重艺术性，通过生动有趣的教学方法激发学生的学习兴趣，使他们享受学习的过程。

注重语言教学的艺术性，并不意味着否定其科学性。相反，艺术性与科学性是相辅相成，相互联系的。只有充分理解语言学习的科学性，才能更好地运用艺术性的教学方法。艺术性是语言教学的外在表现，而科学性则是其内在灵魂。

语言教学既要有艺术的吸引力和感染力，又要有科学的严谨性和深度。教师在教学过程中，应注重教学方法的艺术性，使语言教学变得生动有趣，同时，也要深入理解语言学习的科学性，以确保教学效果的质量和有效性。只有这样，语言教学才能真正实现其价值，为学生提供有益的学习体验。

（二）语言教学的过程

1. 制订教学政策

教育，被视为强国兴邦的基石，其重要性不言而喻。在世界各国，语言教学始终占据着核心地位，它不仅关乎个人的成长，更影响着国家的发展和未来。因此，语言教学的质量和效果至关重要。

在我国，政府高度重视教育事业，不仅大力投入财力，还在政策层面提供有力支持。为了提升语言教学水平，首先要深入了解国内语言教学的现状，进而制定出针对性的教学政策。

语言是沟通的桥梁，也是文化传承的载体。一个国家的语言能力，很大程度上反映了国家的软实力。我国通过强化语言教学，不仅能够提升国民的整体素质，还能增强国家在国际的竞争力。因此，加强语言教学，既是国家发展的内在需求，也是提升国家综合实力的关键因素。

为了实现这一目标，我国在语言教学改革方面作出了不懈努力。一方面，优化课程设置，强化师资培训，提高教学质量；另一方面，加大对外汉语推广力度，让更多国际友人掌握汉语，增进中外文化交流。这些举措无疑将有助于提升我国在国际舞台上的地位和影响力。

语言教学在我国的发展中具有重要地位。国家在教育事业上的投入和支持，旨在构建高质量的语言教学体系，培养具备良好语言能力的国民。这不仅有助于提升个人素质，还将对国家的繁荣昌盛产生深远影响。让我们共同努力，一起打造更加繁荣昌盛的国家，助力语言教学事业不断发展。

2. 进行总体设计

语言政策是我国教育领域中一项至关重要的宏观调控措施，它对语言教学的顺利进行具有指导性和纲领性的作用。然而，仅仅制定出语言政策还不够，还必须有一批专业的人才来负责实施这些政策，将政策的理念和精神融入实际的教学过程中。这个过程就是教学总体设计。

教学总体设计是一项系统而复杂的工程，它涉及教学要求的确定、教学内容和教学时间的分配、课程设置的规划、各门课程的具体教学方式的选择、教学大纲和教学计划的制订以及教材的编写或选择等多个方面。只有对这些环节进行精心设计和合理安排，才能确保教学活动的有效开展。

教学总体设计的重要性在于，它可以帮助教师明确教学目标，提高教学效率，确保教学活动的有序进行。同时，它也为教师提供了充分的自主空间，使教师可以根据自己的专业知识和教学经验，发挥自己的创造性，为学生提供更高质量的教学服务。因此，教学总体设计是语言教学过程中不可或缺的一环，对提高我国对外汉语教学质量具有重要的推动作用。

3.编写教材

教材在教学活动中的重要性不言而喻，它是教学内容与教学目标的明确规定，为教学活动提供了坚实的基础。在语言教学中，教材同样发挥着至关重要的作用。它不仅是语言教学的核心依据，也构成了教学过程中的关键环节。无论是教师的教学还是学生的学习，都需要遵循教材的指引进行。

编写高质量的教材对于语言教学的成功至关重要。教材的编写需要充分考虑教学目标、教学内容、教学方法等多个方面，以确保其科学性、实用性和针对性。只有优秀的教材才能有效地推动语言教学的进行，促进学生的语言能力提升。

教材在语言教学中具有不可替代的作用。它既是教学活动的核心依据，也是教师与学生互动的重要纽带。因此，应该高度重视教材的编写和使用，努力提升教材的质量，以推动我国语言教学的持续发展。同时，教师和学生也要善于运用教材，发挥其指导作用，实现教学相长，共同提升语言能力。这样，我国的语言教学才能取得更为丰硕的成果。

4.选拔培训教师

教师是教学活动的核心组成部分，他们不仅组织并引导学生参与教学活动，还对教学活动的发展起着至关重要的作用。在教育过程中，教师和学生共同参与，形成了一种互动性的学习关系。教师在这种关系中扮演着引领者和导师的角色，而学生则是学习的主体。他们共同推动教学活动的进行，实现教学目标。

在选拔语言教师时，不能只关注他们的单一方面，还应该对他们的各方面知识进行全面考核。只有那些具备完备的专业知识和素质的教师，才能够胜任教学工作。他们不仅能够有效地传授知识，还能够激发学生的学习兴趣，引导他们探索未知领域，培养他们的创新精神和实践能力。

在我国，教育事业一直受到高度重视。人们深知，优秀的教师是提高教育质量的关键。因此，人们对教师的专业素质要求越来越高。希望每一位教师都能够不断提升自己，追求卓越，为我国的教育事业作出更大的贡献。同时，也鼓励学生积极投入学习中，与教师共同构建良好的教学氛围，实现教学相长。

教师和学生是教学活动的主体，他们在教学过程中发挥着不可或缺的作用。教师的专业知识和素质对于教学活动的成功至关重要。在选拔和培养教师的过程中，应注重他们对各方面知识的掌握，确保他们能够胜任教学工作。同时，也要注重培养学生的学习能力和素养，使他们能够在教师指导下，获得全面的成长。这样，我国的教育事业才能不断向前发展，为国家的繁荣和人民的幸福作出更大的贡献。

5. 课堂教学

课堂教学作为语言教学的核心环节，其重要性不言而喻。在这个充满竞争和挑战的时代，学生需要在课堂上学会应对各种语言现象，从而不断提升自己的语言能力。语言教学的过程，如同一段旅程，学生们需要经历感知、理解、模仿、记忆和巩固这五个阶段，而这其中的大部分都在课堂上完成。

（1）感知阶段是语言学习的起点。在这个阶段，教师需要通过生动、有趣的课堂教学，让学生接触丰富的语言素材，从而激发他们对语言的好奇心和兴趣。接下来，理解阶段，教师应通过系统的讲解和互动，帮助学生深入理解语言规则和用法，为后续的模仿和应用打下坚实基础。

（2）模仿阶段是语言学习的关键环节。在这个阶段，教师要关注学生的发音、语调、语速等方面，引导他们模仿标准的语言表达，形成正确的语言习惯。同时，记忆和巩固阶段同样重要。教师要运用多种教学手段，如复习、练习、测试等，帮助学生巩固所学知识，使之成为长期记忆。

在这个过程中，课堂教学不仅要有明确的教学目标，还要遵循一定的教学原则。教师应根据学生的实际情况，制定合适的教学计划和设计，确保教学活动有序、高效地进行。此外，教师还需注重课堂教学的氛围营造，创造一个轻松、愉快的学习环境，使学生在愉悦的情感状态下学习语言。

课堂教学是语言教学的生命线，所有教学活动都应围绕这一核心展开。教师要充分发挥课堂教学的优势，关注学生的需求和成长，激发他们的学习兴趣和潜能，从而提高整个语言教学的质量和效果。在此基础上，我国才能培养出更多具备优秀语言能力的人才，为国家的发展和社会的进步贡献力量。

6.语言测试

语言教学作为一种重要的教育方式，其主要目的是帮助学生掌握一门语言，并使他们能够熟练运用这门语言进行有效的沟通交流。为了确保学生达到这一目标，教育教学过程中必不可少的一环就是进行语言测试。测试是衡量学生对教学内容掌握程度的有效手段，它与教学相互依存，共同促进学生的语言学习。

（1）语言测试能够帮助教师和学生准确了解学习者的知识掌握水平。通过测试，学生可以发现自己在学习过程中的不足之处，从而有针对性地进行查漏补缺。同时，测试结果也能为教师提供反馈，帮助他们认识到教学过程中的问题，进一步调整和完善教学方法，提高教学质量。

（2）语言测试还有助于选拔人才。在选拔外语人才时，测试成绩可以作为一项重要的评价标准，为选拔出具备较高语言能力的人才提供依据。此外，语言测试还能为语言研究提供宝贵的素材，推动语言学领域的不断发展。

我国有许多具有影响力的语言测试，如普通话水平测试、TOFEL等。这些测试在规模和影响力上都具有较高的地位，为我国的语言教学和人才培养发挥了重要作用。通过对这些测试进行研究和分析，可以更好地了解学习者的语言水平，为语言教学提供有力支持。

语言教学与语言测试相辅相成，共同推动学生语言能力的提升。只有通过科学、有效的测试，才能更好地了解学生的学习状况，为他们的语言学习提供有力支持。同时，高质量的测试还能为我国选拔出更多优秀的外语人才，推动语言学科的发展。在今后的教育教学工作中，应继续重视语言测试的作用，不断完善测试体系，为提高我国外语教育水平作出更大贡献。

7.语言教学研究

语言教学作为一种实践活动，其发展与进步离不开坚实的理论基础。实践活动与理论研究相辅相成，相互促进，共同推动语言教学不断取得突破。在我国，语言教学研究一直以来都备受重视，其旨在为教学活动提供有力的理论支撑，提高学习者的学习效率，促进我国外语教育事业的发展。

（1）语言教学研究的成果可以为教学活动提供丰富的理论资源。在语言教学过程中，教师可以根据学习者的特点和需求，运用相关理论指导教学实践，从而提高教学效果。同时，理论研究还可以帮助教师发现和解决教学中存在的问题，促使他们不断反思和调整教学方法，使之更加符合学习者的实际需求。

（2）语言教学研究有助于揭示人类语言学习的机制。通过对大脑神经科学、心理学等领域的研究，学者们逐渐揭示了语言学习的奥秘，为教学活动提供了科学依据。这些研究成果不仅有助于优化教学方法，还可以帮助学习者更好地了解自己的学习过程，提高学习自主性和学习效果。

（3）语言教学研究还关注影响学习者学习的生理和心理因素。例如，研究揭示了学习者的年龄、性别、动机、情感等个体差异对学习效果的影响。了解这些因素有助于教师更好地把握学生的学习需求，制定针对性的教学策略，从而提高教学质量和学习者的满意度。

（4）语言教学研究仍然面临诸多挑战和问题，如人类语言学习的机制尚未完全揭示，学习者的生理和心理因素对教学效果的影响尚不明确等。这就需要研究者们继续加大研究力度，深入探讨这些问题，为语言教学提供更加完善和科学的理论体系。

（三）语言教学的原则

1.间接经验与直接经验相统一原则

间接经验指的是通过学习他人的认识成果来获取知识。这主要指的是人类历史经验的积累和传承，通过书籍、教材、多媒体等媒介进行传递。间接经验的学习可以帮助学生快速掌握人类长期积累的基本文化知识和技能，提高认知效率，避免重复前人的错误。

直接经验是指学生通过亲身参与实践活动，直接获取感性认识。这种经验通常是在实际操作中通过实验、观察、调查等活动中获得的。直接经验的学习可以帮助学生将所学知识应用到实际情境中，增强实践能力和创新能力，同时也可以激发学生的学习兴趣和主动性。

在语言教学过程中，间接经验和直接经验是相互联系、相互促进的。教师需要将间接经验和直接经验相结合，既要注重系统知识的传授，也要注重学生的实践操作和感性认识的培养。这样才能帮助学生全面发展，提高英语教学质量和效果。

2.掌握知识与发展智力相统一原则

知识是经过人类长时间积累和总结出来的，是对于客观世界规律和人类经验的总结。通过学习知识，人们可以快速地获取前人的经验和智慧，掌握基本的文化知识和技能。

智力是一种心理特征，是人类认识世界和解决问题的关键能力。在英语教学过程中，学生掌握知识和发展智力是有机统一的。一方面，学生需要学习大量的知识，掌握基本的概念、原理和技能，这是进一步发展智力的基础。另一方面，通过发展智力，学生可以更好地理解和应用所学英语知识，促进英语知识的掌握和应用。因此，在英语教学过程中，教师需要注重英语知识传授和智力发展的统一，帮助学生既掌握基本的英语知识和技能，又发展智力，实现全面素质的提升。

3.掌握知识与提升思想品德相统一原则

在掌握知识与发展能力的过程中，学生不仅需要学习基本的知识和技能，还需要提高自己的思想觉悟和道德品质。这些品质包括爱国主义、集体主义、社会责任感、职业道德等，都是学生成为未来社会有用之才所必须具备的。

同时，在英语教学活动中，教师也需要注重引导学生形成正确的意识形态、文化观念和伦理道德。教师可以通过自己的言谈举止、教学材料、教学方法等方面，向学生传递正确的价值观和文化观念。这样不仅可以帮助学生更好地掌握英语知识，还可以提高他们的思想觉悟和道德水平。

4.教师主导作用与学生主体作用相统一原则

教师作为英语教学过程的设计者、实施者和引导者，具有非常关键的作用。教师需要根据英语教学内容、学生特点和学习目标，制定合理的教学计划，选择适当的教学方法，组织并引导学生的学习活动。同时，教师还需要关注学生的学习进程，及时调整教学策略，解决学生在学习过程中遇到的问题，激发学生的积极性和主动性。

学生是英语教学过程的主体，具有主观能动性。学生是英语知识的接受者、建构者和创造者。学生在英语教学过程设计中扮演着重要角色，他们的学习态度、方法和效果直接影响到教学质量。因此，学生需要积极参与英语教学过程，发挥自己的主动性、创造性和实践能力，与教师共同完成教学任务。

5.智力因素与非智力因素相统一原则

英语教学活动既需要师生智力的参与，也需要非智力的情感和动机的参与。学生需要在智力因素如观察、记忆、思维和想象的充分发挥基础上，借助非智力因素，如兴趣、动机等来调节自己的英语学习和认知过程。在智力因素和非智力因素相统一的前提下，才能顺利开展教学过程。

二、语言习得

在二语习得中最常见的问题是：二语习得和母语习得是否一样？同样是语言习得，两者的区别似乎仅仅是习得时间的差异。此外，两者都需要对语言进行假设和验证。二语习得与母语习得有很多相似之处，但也有差别。二语习得时，学习者已经掌握了母语，所建立的假设和需要验证的假设在母语习得时已完成一部分。第二语言（L2）的习得不可能离开母语（L1）习得这块基石，即使L2是外语或与母语分属不同语系的语言。在L2习得时，学习者需要借助L1理解L2，需要在与L1的对比中学习L2。L1和L2相互影响、相互促进、相互提升。L1可能易化L2的学习过程，但也有可能干扰这个过程，即正迁移或负迁移。L2也有可能对L1产生影响，即反迁移。

L1习得与L2习得有一定的差异。L1习得以被动输入为主，而L2习得以主动输入为主。L1习得时，大脑中并没有预设的词汇或句法结构存在。即便依据天赋说的观点，L1习得时有天生的语言习得机制（即人类语言的普遍特征）存在，但习得语言的个体还是需要依据母语的特点设置语言参数，从而习得母语。L2习得时，大脑中已有母语词汇和句法作为参照，可以通过L1语言辅助习得L2。

既然L1和L2是相互影响的关系，两种语言是否共享语言体系呢？对于两种语言体系的关系，目前的研究有两种观点。分离发展假设（The Separate Development Hypothesis）认为L1和L2两个语言体系分开发展。相互依赖发展假设（The Interdependent Development Hypothesis）认为两种语言体系相互影响、相互促进。也有观点认为，L2习得初期的语言系统支持两种语言的发展，习得后期相互交叉影响。双语儿童的语言识别研究支持这一观点，幼儿在一岁前就能依据语音区分非常相似的两种语言。

成年二语习得学习者应该都会支持相互依赖发展假设。二语习得中语言的相互影响和支撑作用非常显而易见。"邻近效应"（Neighborhood Effect）的观点认为L2和L1存储于一个语言系统，当L2和L1的单词在字母上相似或发音相似时，被试的反应会增加。这说明两种语言因相似点在发生交互作用。此时，二语学习者需要花时间对L2和L1进行辨别。实验中，在识别英语单词blue时，荷兰语-英语的双语被试激活了英语单词clue和glue，同时也激活了荷兰语blut和blus。"邻近效应"表明，两种语言中相似的词汇在记忆中的存储非常邻近，且相似程度越高，需要辨别的时间越长。此外，两种语言的词汇依据音节进行存储，比如依据节首辅音丛/bl/这一音节或节核/u:/这一音节进行存储。

神经科学研究发现，L1习得和L2学习在大脑激活上有所不同。L1习得主要激活部位为左侧大脑，而L2习得激活了整个大脑，或者右脑激活的区域更多。L2习得调动的大脑资源比L1要更多，因而激活区域也更多。

二语习得中谈得很多的另一个问题是：是否L2可以达到L1的流利程度呢？事实证明，二语习得要比母语习得更难一些。许多人学习L2很多年也未必能完全掌握或非常流利地使用L2。通常意义上讲的"流利使用外语"指基本交流的流利性，并非完全掌握L2。如果用移民来衡量这一问题，通常的移民要达到专业上或者学术语言上的流利性，至少需要在英语国家学习5~7年的时间，而要达到L2交流的流利性，两年的时间即可实现。但一般来说，能达到交流流利性的人未必能在学术上也能流利应对。在这个意义上讲，语言的流利性分为交流流利性和学术流利性。

此外，流利使用一门语言需要具备五个方面的知识与信息：语音信息、词汇信息（包括词和词的组合）、句法信息、关于世界的概念知识以及某些信息系统（用于评估听到的信息）。这些知识在母语习得中需要很多年才能完成，对于L2来说就更加困难。大部分L2学习者都是在本母语国家学习L2，克服母语困扰学习掌握语言知识已经有很大的难度，对于世界知识的习得就更不容易。

因此可以说，母语习得与二语习得有相似点，也有差异。二语习得的主要形式是学习，需要克服的困难和阻碍要比母语更多。L2主要在课堂或正式学习环境中完成，对目的语的接触有限，和母语习得有很大差别。

（一）二语语音习得

二语语音习得在习得速度和效果上都无法与母语语音习得相比。首先，从生理上看，发音器官已习惯母语发音模式，感觉机动已形成习惯性动作，神经指令也已形成习惯性条件反射。为了习得L2语音模式，发音器官和神经传导指令都要做出调整和适应。从语言学角度来看，L1和L2的语音如果有相似点的话，L1会易化L2语音习得，形成正迁移。但由于发音器官已习惯母语发音模式，L2的语音习得很难接近目的语的语音效果。

和前面提到的问题一样，母语和L2的语音系统是相互独立还是彼此共享，抑或是部分共享部分独立呢？有L2学习体验的学习者都知道，L2语音系统建立在L1语音系统之上。Flege（1987）[1]提出的L2语音学习模式认为无论任何年龄学习L2，学习者都会建立两个语音范畴体系，新语音范畴通过与L1的语音范畴对比过滤才能形成。Flege也提到L2语音习得的一个特点：如果学习L2的个体在目的语国家待过一段时间，L2的语音习得会较为容易，而且通过这种习得方式建立的L2语音体系很难再发生改变。依据这种看法，L1和L2语音系统的关联关系依据学习者接触的语言环境决定。在母语环境中，L2语音习得离不开L1语音系统，而在目的语环境中，这种依赖性会减少，并逐渐脱离母语语言体系。

Flege的观点描述了语言产出中L1和L2语音系统的关系。在语音感知中，

---

[1] Flege J E. The production of "new" and "similar" phones in a foreign language: Evidence for the effect of equivalence classification[J]. Journal of Phonetics, 1987（15）: 47-65.

有观点认为两种语言的语音体系相互关联，并且L1对L2的影响大于L2对L1的影响。"母语磁效应"（Perceptual Language Magnet Theory）和"L2感知同化模式"（Perceptual Assimilation Model-L2）都认为母语语音原型有"磁力"效果，这种"磁力"会妨碍对L2学习者有效辨别目的语中的语音差异，从而影响对L2的语音感知。Mohanan（1993）[1]也认为语言中的规则不是规定，也不是一种限制，而是吸引。在这些观点中，母语语言系统被看作是一个吸引场（Fields of Attraction），会吸引其他语言的规则和系统。

L2语音习得的另一难点是对目的语语流进行语段切分（Segment）。英语作为L2学习时，英语的"协同发音"（Coarticulation）让英语初学者难以划分语段。不过，经过训练后，通过韵律和重音的感知，学习者可以克服这一难题。相比之下，如果L2是声调语言（比如普通话和泰语）的话，声调有助于划分语流。听觉训练是二语习得中必须经历的学习体验，练习如何切分语言才可能进一步理解句子含义。母语习得也同样如此。

语流切分完毕后，将语音与心理词库中的语音特征相匹配就是下一个任务。这样做可以找到对应词汇，理解句子含义。"交股模型"（The Cohort Model）对这一过程进行了描述：当听到一个单词的语音时，这个单词的前150～200毫秒或前两个音素被捕捉，之后，一些词汇"股群"被激活。音素和股群中构成词汇发音的音素一一匹配，直到完全吻合为止。在此过程中，不匹配的音素则被过滤弃用。以单词happy为例，最先匹配的是[h]、[æ]两个音素，与之对应的单词音素被激活。然后继续匹配第三个音素[p]，不能匹配的音素又再一次被过滤。最后，直至找到与音素[hæpi]完全匹配的单词为止。"交股模型"的特点是，所有音素被平行激活，被激活的音素相互竞争，直至完全匹配。

除以上内容外，语音习得还涉及超音段特征习得。超音段特征包括声调、语调、重音、音节、短音节、韵律等。和语段分流及语音匹配相比，超音段特征习得相对较为简单。无论如何，L2语音习得是L2学习的起始阶段，对L2

---

[1] Mohanan K P. Fields of attraction in phonology[J]. The last phonological rule: Reflections on constraints and derivations, 1993: 61-116.

学习者来说是一个难点，也是一个挑战。在这个阶段，L2学习者不仅要克服生理上的习惯（比如发音习惯），也要在心理上克服畏难情绪或者外界的不利影响。这些都比母语习得要复杂，也困难得多。下一小节的词汇习得和语音习得较为容易一些。但词汇习得是终身习得，持续时间较长。

（二）二语词汇习得

词汇学习是语言学习中持续时间最长的一部分，是属于较难掌握的一部分，也是最容易出错的一部分。没有词汇的合理组合，句子就无意义。词汇是传达信息的关键所在。但并不是将词汇依据语法规则组合就能产生意义，词汇组合传达意义的基础是语言习惯。这就增加了词汇习得的难度。

此外，"词汇习得假设"（Lexical Hypothesis）提出，交流传达的信息不可能自动触发句法形式，是词汇基于句法信息、语法特征和激活顺序引发语法编码，从而产生特殊的句法结构，从而传达意义。由此可以看出，词汇信息是句子编码和产生的动力，是确定句子关系的关键所在。词汇有启动句子信息的作用，也有调节作用。没有词汇的调节，句子信息很难传达准确。句子的错误并不会影响语义的理解，但词汇使用错误会导致句意改变。因此，传达有意义的信息要比句子的形式特征重要得多。

谈到二语词汇习得，人们经常会想到心理词库的组织问题。和语音习得一样，研究者们通常都想知道二语词汇的心理词库与母语的心理词库是分离还是相互依存的关系。在语音习得中，语言环境可以区分母语语音系统和二语语音系统的关系。在二语词汇习得中，语言流利性也可用于区分两种语言心理词库的关联关系。对于初学者而言，依靠L1语义网络建立新的词汇体系是必要过程，随着语言流利水平的提高，二语学习者不需要L1的语义调节就可以直接产出二语词汇。Kroll 和 Curley（1988）[1]的研究中，英语为L1德语为L2的双语初学者和流利双语者在完成图片命名和词汇翻译任务时，

---

[1] Kroll J F, Curley J. Lexical memory in novice bilinguals: The role of concepts in retrieving second language words[J]. Practical aspects of memory，1988，2（389-395）：8.

双语初学者的词汇翻译速度比图片命名更快,而双语流利者在两个任务中没有表现出明显的差异。这表明,随着L2流利水平的提高,对L1的依赖水平也会随之降低。也就是说,随着流利程度的提高,L2词汇体系会独立于母语词汇系统存在。

对于L1和L2心理词库的关联关系,Weinreich(1953)[1]提出了三种类型:并列型(Coordinate)、复合型(Compound)和从属型(Subordinate)。并列型指两种语言有各自的词汇语义概念系统;复合型指两种语言共享一个概念系统;从属型指L2的词汇语义概念系统建立在L1的基础上。词汇类型决定了两种语言的关联程度。Kolers通过词汇联想和启动实验发现了词型效应(Word Type Effect),即具体词在单语和双语情境下的反应时相同,而抽象词在两种情境下的反应时不同。也就是说,两种语言的具体词共享一个词汇语义概念系统,属于复合型。而两种语言抽象词的语言词汇概念系统则是各自独立的,属并列型。神经科学研究也提供了这方面的证据。儿童的大脑在加工L1和L2功能词时表现出不同的激活区域,而实义词却没有激活差异。也有的观点将词型效应看作是选择性注意的结果,该观点认为L2学习者很容易发现实义词在传达信息时的即时有效性,而功能词仅用于加深语言信息的强度而已。

同源词和非同源词也表现出了词型效应。双语的同源词共享一个词汇概念语义系统,非同源词则有各自语言的概念语义系统。De Groot和Hoecks(1995)[2]把同源词和具体词的这种存储方式称为复合存储系统,而非同源词和抽象词的称为协调存储系统。之后,De Groot和Hoecks也将流利性纳入考虑范围,并对Weinreich的系统划分进一步拓展。他认为,L2学习初期与L1系统的关联关系是从属型,随着流利水平的提高,逐步发展为复合型或协调型。语言流利水平对两种语言关联关系的影响在神经科学方面得到了证实。语言流利水平更高的二语习得者其大脑激活区域更少,这可能是因为语言达

---

[1] Weinreich U. The Russification of Soviet Minority Languages[J]. Problems of Communism,1983,2(6):46-57.

[2] De Groot A, Hoecks J. The development of bilingual memory: Evidence from word translation by trilinguals[J]. Language Learning,1998(45):683-724.

到一定流利水平后,所需要消耗的语言资源减少的缘故。

此外,无论是L1的心理词库还是L2的心理词库都呈动态变化,随着习得程度加深,心理词库一直在变化、调整、完善。可以说,动态性就是心理词库的主要特点。词汇概念的增加也是一个引起发展变化的因素,学习者语言流利水平的提升、学习方法效率的提高、学习年龄的变化、周围环境对L2学习的支持等因素都有可能增加L2心理词库的动态性。这一点和母语词汇习得不太一样。L2的外界影响因素较母语词汇习得更多。

与L1词汇习得相同的是,L2词汇习得也需要完成词类的标记任务、归类任务和网络构建任务。在这个过程中,L2词汇会依据与L1词汇在语音、词形上的相似程度进行标记。归类时分为纵向归类和横向归类。纵向归类指将意义相似的词汇依据表达程度和强度的不同划分为不同等级。横向归类则是将意义相似的词汇归为同一范畴,以便在选词时依据情景进行比较和挑选。网络构建是将与词汇相关联的词组、释义、功能、语义构成等内容与该词建立网络连接。每个L2单词都有自己的网络,每个网络都包括与L1的对比内容。

前面提到语言习得模式有普遍性,与婴儿习得英语语言的顺序基本一致。在L2词汇习得中也呈现出普遍习得模式。在Bailey及其同事的研究中也发现,西班牙语儿童和中国儿童在习得L2英语词素时表现出很大的一致性。习得这两种语言的双语儿童在二语词素习得方面的顺序依次是:进行时(–ing)、连系动词的缩写('s)、常规名词复数词缀(–s)、助动词的缩写形式、规则动词过去式、不规则动词过去式、特殊名词复数词缀(–es)、所有格形式('s)、第三人称单数(–s)。此外,在英语作为L2学习的初期,L2学习者的一些语法错误甚至都是一样的,比如使用"裸露动词"(bare verbs)代替现在进行时。这种错误在英语作为母语习得时也曾出现过,如幼儿会使用She play代替She's playing。

二语习得中,学习者总是对词汇学习报以很大的期望,希望能穷尽所有单词,从而能和目的语人群达到一样的词汇水平,但往往都很难做到。不过,有效的词汇的学习策略可以在这方面提升一些效果,比如附带词汇习得和词汇深加工策略。附带词汇习得指学习者主要关注词汇意义和运用。研究中,阅读短文然后回答问题的小组和阅读短文然后进行词汇练习的小组相比较，后者的学习效果更好。从意义层面加工词汇比在语音层面加工效果更好。意义层面的加工包括了词汇搭配、词汇的运用语境、词汇的构成等信息。这些信息都属于深加工，有利于记忆的存储和保持。在词汇习得策略中，口头重复记忆单词要比视觉重复（一遍一遍抄写单词及其释义）效果好。学习者经常使用的页面边缘进行词汇注释、阅读理解加上词汇填空以及用目的语写作的策略中，用目的语写作效果最好，页面边缘注释释义的效果最不明显。普遍使用的单词表背诵策略效果最差。对于二语词汇习得，最好的学习方法还是广泛阅读加上多种策略的使用。

（三）二语句子习得

和前面提到的二语语音和词汇习得相比，二语句子习得的难度在于学习者要用本土化的认知方式去表达和组织句法内容（王晓宏，2019）。通常说来，句子是单词依照句法规则组合而成的语言单元，但在语言表达中，句子不仅是单词组合，它也是语法规则的体现，语言表达习惯的呈现。并不是所有符合语法规则的句子都符合语言表达习惯。因此，L2句子习得中要符合"本土化的认知方式"可谓是L2句子学习的天花板。

二语习得句子中的句式概念和人们通常说的语法不同。通常说的语法指句子成分的排列规则。这样的语法有两种类别：规定性语法（prescriptive grammar）和描述性语法（descriptive grammar）。规定性语法指的是学校里讲授的语法，也就是目的语国家本地人说话和使用语言的方式。描述性语法是语言学家关注的内容，用于描述语言，包含一些语言学术语、理论和规则。语言学研究中的句法指的就是描述性语法。本章讨论语言习得的问题，两者都有兼顾。

母语习得后，说话者的句式加工表现出高度自动化的特征。也就是说，母语对句式的表达能在短时间内完成，并形成句子的深层表征（何文广，2015）。但L2的句子加工却很难达到这样的自动化水平。二语学习者更多的是依赖一些浅显的词汇、语义、语用信息。主要依赖词汇信息来组合句法内容是二语句法习得的主要特征。外语语言环境缺乏导致语言输入有限是L2句子习得无法达到深层表征的主要原因。

L2句子加工研究多采用脑电图（electroencephalography，EEG）技术或事件相关电位（event-related potentials，ERPs）。这些技术手段的使用向我们证明了L2句子习得与母语句子表达的差别。EEG和ERPs可以反映出明确的感觉刺激（比如音节、词汇）或认知加工（如句子或词组中的语义错误识别）的脑电活动情况。两者对大脑活动敏感，并且无噪声，常用于对婴儿或幼儿的语言反应研究中。这两种脑电技术可以发现外界刺激引起大脑皮层的脑电波活动，从而检视人脑对不同信息的加工过程。研究者使用计算机从EEG提取外界刺激引起的大脑皮层高级功能电位，记录在认知加工时大脑皮层产生的脑电波数据，也就是"事件相关电位"。ERP数据不仅可以反映时间维度，也可反映空间维度（即不同脑区的变化）。研究者们通常使用时间维度记录。ERP的最大优势就是极高的时间分辨率。研究中常见的ERP指标有N200、N400和P600。N200和N400是负波，P600是正波。N200指在刺激呈现后200毫秒左右出现峰值的负波。N400是刺激呈现后400毫秒左右出现峰值的负波。P600是在刺激呈现后500~900毫秒出现的正波。P600效应通常反映的就是句式加工的再分析、修复和加工复杂度等问题。通常，英语为母语的被试其脑电波呈现的是P600，而在对L2学习者来说，在处理英语复杂句式时，被试的脑电波通常停留在N400指标，即停留在语义加工层面。对L2学习者的研究中还发现，成年L2学习者的句子表达主要通过词汇、语义和语用信息来完成，但说目的语的成年人则主要使用句子结构来传达信息。成年L2学习者的句子表征不可能达到目的语成人的水平。L2成年学习者的句式表达的深度不够，准确度也欠缺，细节描述不够充分。没有到过目的语国家的L2学习者通常在二语句式传达意义方面都有所欠缺。此外，句子传达意义中也包含情绪和情感的意义，这对于二语学习者来说很难习得。

对英语以外其他语言的研究也发现，句式习得在L2习得中很有挑战性。在以法语作为L2的研究中发现，法语母语者的脑电波为明显的P600，而以法语为L2的被试仅被诱发了具有法语特征的N400。有的德语二语被试移民英语国家超过10年也难以达到英语母语者对句子自动化加工的程度。有的德语二语被试即使达到了P600效应，但也没有达到AN效应（即前额负波，也是一种脑波分析指标）。目的语环境对L2的语音习得及词汇习得有很大帮助，但句子习得要达到本土化水平则有一定挑战性。

L2句子习得在语际间和语内都会受到语言因素的影响。首先，L2句子习得仍需依赖L1语言系统才能得到发展。为了避免呈现过于突出的母语特征，二语者在句式表达上会尽量使用简单句，以传达简单意义为主。此外，在该语内也会受到各个层面语言内容的影响。Rumelhart和McClelland的"交互作用激活模型"中提到词汇通达需要多个层面语言内容的交互作用，包括字母水平、单词水平、句子水平。各个语言层次水平在记忆中分开存储，但又在使用时相互传递和激活。它们可以自上而下地加工（即从语篇句法的加工到语音的加工），也可以自下而上地加工（即从最小单位的音素加工开始一直到语篇的加工）。语言知识和其他知识的认知一样，都是相互交织和关联，相互支撑和发展。

内容的习得需要耗费二语学习者很多年的时间。由于接触目的语国家人群的机会较少，二语学习者主要通过视频或音频材料学习L2，但学习效果无法与母语习得相比。相比之下，母语习得的幼童完全沉浸在母语环境中，有父母的全力指导。此外，语言习得不仅为了传达意义，也用于传达情绪和情感。语言情感特征的习得需要学习者在高流利水平状态下才可能完成。因此，对于大部分L2习得者来说，语言情感特征的习得也是一个难点。

第二节　应用语言学与语言教学的关系

应用语言学是一门研究语言在现实生活中的使用以及语言与其他社会现象之间关系的学科。与应用语言学密切相关的是语言教学，它专注于研究和实践如何有效地教授和学习语言。下面将探讨应用语言学与语言教学之间的紧密关系，并分析它们在教育领域的重要性。

一、应用语言学为语言教学提供理论支持

应用语言学在语言教学领域发挥着重要作用，为教学实践提供了坚实的理论基础。该学科对语言的内在属性、习得过程以及语言与社会文化的相互关系等方面进行了全面而深入的探讨，使得语言教学更加科学、有效。

应用语言学是一门深入探索和研究语言的科学，它帮助我们更加全面和深入地理解语言的本质。语言，作为人类沟通交流的核心工具，不仅仅是语音、语法和词汇等基本构成要素的组合，更是思维、认知和情感等复杂心理过程的载体。通过对语言本质的深入理解，教师能够精准地把握教学重点，有效地引导学生掌握语言的实际运用能力。

应用语言学的研究揭示了语言习得是一个渐进的、个体与环境相互作用的过程。在这个过程中，学习者需要在真实的语言环境中不断积累语言知识，通过试错和实践逐步提高语言技能。这一观点有助于教师调整教学方法，采用更加符合学生实际需求的策略，如任务型教学、合作学习等。这些教学方法能够激发学生的学习兴趣，提高他们的学习积极性，从而更好地推动语言习得过程。同时，应用语言学强调语言与社会文化的紧密联系。不同的社会文化背景会影响语言的使用和习得。教师在教学中应注意引导学生了解并尊重这种多样性，提高学生跨文化交际的能力。这不仅有助于学生更好地融入社会，还能培养他们的全球视野，使他们能够适应多元化的社会环境。

应用语言学为语言教学提供了丰富的理论资源，使得教学活动更具针对性和有效性。教师应充分利用这些理论成果，结合教学实际，不断创新教学方法，为提高我国外语教育质量贡献力量。同时，学生也应积极参与语言学习，掌握语言技能，为个人发展和国家建设作好准备。

总之，应用语言学为我们提供了理解和掌握语言的新视角，为语言教学提供了新的理论依据。无论是教师还是学生，都应充分利用应用语言学的理论知识，以提高语言教学的质量和效果。在此基础上，期待我国的外语教育能够取得更大的突破，为我国的发展培养更多高素质外语人才。

二、应用语言学为语言教学方法的创新提供指导

应用语言学作为一门研究语言学习与教学的学科，随着时代的发展和社会的需求，不断涌现出许多创新的教学理念和方法。这些方法不仅关注学生的语言知识习得，更注重培养学生的语言运用能力。在这样的背景下，交际式教学、任务型教学等新兴教学法应运而生，并在全球范围内得到了广泛的推广和应用。

交际式教学法强调在真实的语言环境中进行实践，让学习者在互动交流的过程中自然地习得语言。这种教学法鼓励学生积极参与，提高他们在实际生活中的语言运用能力。通过交际式教学，学生可以更好地掌握语言表达的技巧，适应不同场景下的沟通需求。

任务型教学法则以任务为核心，将学习过程分解为一个个具体的任务，让学生在完成任务的过程中习得语言。这种教学法注重培养学生的自主学习能力，激发他们解决问题的潜能。任务型教学法有利于提高学生的学习兴趣，使他们更愿意投入到语言学习中。

除此之外，还有许多其他创新的教学方法，如合作学习、个性化教学等，都在一定程度上提高了教学效果。这些方法鼓励学生主动参与，激发他们的学习兴趣，使他们在愉快的氛围中掌握语言。

总之，随着应用语言学的发展，创新的教学理念和方法不断涌现，为语言教学带来了新的启示。这些方法关注学生的语言运用能力，注重培养他们在实际生活中的沟通技巧。通过运用这些创新的教学方法，教师可以激发学生的学习兴趣，提高教学效果，为培养具有国际竞争力的外语人才奠定基础。在今后的语言教学中，教师应不断探索和实践，为我国外语教育事业贡献自己的力量。

三、应用语言学关注语言教学中的个性化差异

相关研究表明，学生在语言学习方面的需求和特点各不相同。这是因为每个学生的成长环境、性格特点、学习能力等方面都存在差异，因此在语言学习过程中，他们所面临的问题和挑战也不尽相同。为了更好地满足这些不同需求，应用语言学领域倡导因材施教的教学理念。

因材施教的核心思想是根据学生的实际水平、兴趣和需求进行有针对性的教学。这种教学方法认为，每个学生都是独一无二的，教师应该充分了解每个学生的特点，制定符合他们自身需求的教学计划。这样的教学计划不仅能够提高学生的学习兴趣，还能帮助他们找到适合自己的学习方法，从而提高语言学习的效果。

教师需要对学生的实际水平进行准确评估。评估包括了解学生的语法、词汇、发音等方面的能力，以便为他们提供适当的学习资源和任务。针对不同水平的学生，教师可以设计难易程度不同的教学内容，使学生在学习过程中不断挑战自己，逐步提高能力。

教师应充分关注学生的兴趣和需求。学生在感兴趣的领域学习语言，可以激发他们的学习热情。教师可以运用多样化的教学手段，如多媒体、角色扮演、小组讨论等，让学生在轻松愉快的氛围中学习。同时，教师还可以根据学生的兴趣和需求调整教学内容，使其更具吸引力。

教师应鼓励学生积极参与课堂。通过师生互动、生生互动，让学生在实践中运用所学知识，提高他们的语言技能。此外，教师还应关注学生的学习进度，及时调整教学计划，确保学生能够在适当的时间内达到学习目标。

应用语言学领域倡导因材施教，教师应根据学生的实际水平、兴趣和需求制定有针对性的教学计划。这样的教学方法有助于提高教学效果，培养学生的语言能力。在实际教学过程中，教师应不断总结经验，调整教学策略，为每个学生提供个性化、高效的语言学习环境。

四、应用语言学在语言测试和评估方面发挥重要作用

应用语言学作为一门研究语言在实际应用中的学科,其研究成果对教育领域产生了深远的影响。在语言教学过程中,应用语言学的研究成果为教师提供了宝贵的指导,帮助他们设计出更加合理的语言测试,从而准确地评估学生的语言水平。

应用语言学强调,语言测试应当遵循有效性(validity)、可靠性(reliability)和公平性(fairness)原则。这意味着测试内容应当与所要评估的语言能力紧密相关,测试结果具有较高的可信度和公正性。通过运用应用语言学的研究成果,教师可以确保语言测试真正反映出学生的实际语言水平,为教学决策提供有力依据。

应用语言学提倡采用多元化的评估方式。传统的终结性评估(如期末考试)虽然可以对学生的语言水平进行总体评价,但难以揭示学生在日常学习过程中的点滴进步。因此,应用语言学倡导引入形成性评估(如课堂观察、作业批改、口头报告等),这种评估方式可以让学生在日常学习中不断得到反馈,促使他们积极调整学习策略,提高语言能力。

应用语言学还强调个性化评估。每个学生的语言学习需求和进度都有所不同,因此,教师应该根据学生的实际情况,设计出符合他们特点的评估方案。这不仅有助于发现学生的潜能,还可以激发他们的学习兴趣,提高教学效果。

应用语言学的研究成果为语言教学提供了丰富的理论依据。教师在设计语言测试和评估方式时,应充分借鉴应用语言学的理念,以全面、准确地了解学生的语言能力。同时,教师还应关注学生的个体差异,采用个性化的评估方法,为每个学生提供有针对性的教学支持。通过这些措施,我们可以推动语言教学事业的发展,为培养具有国际竞争力的外语人才作出贡献。

五、应用语言学有助于推动国际语言教育的交流与合作

随着全球化进程的不断加速,我国与世界各国在政治、经济、文化等领域的交流与合作日益密切。在这个过程中,掌握多种语言已经成为跨文化交流的基本素养,对于增进各国人民之间的了解与友谊,推动国际的友好合作具有重要意义。

应用语言学作为一门研究不同语言之间差异和共性的学科,不仅有助于我们更好地理解和运用各种语言,更能为跨文化教育提供有力的理论支持。通过对各国语言的深入研究,我们可以发现语言背后的文化内涵和价值观,从而在国际交流中更加注重文化敏感度和包容性,避免因语言和文化差异而产生的误解和冲突。

制定有效的跨文化教育策略是推动国际语言教育交流的关键。一方面,我们要加强对外汉语教育,让更多国际友人了解和掌握汉语,从而增进对中国文化的理解。另一方面,我们也要关注国外语言文化的传播,鼓励国内学生学习外语,拓宽国际视野,提升跨文化沟通能力。此外,我们还应重视跨文化教育的研究与实践,不断探索和创新教学方法。通过开展多层次、多渠道的交流合作,我们可以借鉴各国在跨文化教育方面的优秀经验,为我国跨文化教育事业的发展提供有力支持。

总之,在全球化背景下,掌握多种语言和了解不同文化的重要性不言而喻。应用语言学为我们提供了宝贵的理论资源,有助于我们更好地开展跨文化教育交流。只有不断提高跨文化沟通能力,我们才能在国际舞台上更加自信、更加有效地传播中国文化,为构建人类命运共同体贡献力量。

应用语言学与语言教学之间存在着密切的联系。应用语言学的理论研究成果为语言教学提供了理论基础,推动了教学方法的创新,关注学生的个性化需求,指导语言测试和评估,并促进国际的语言教育交流。在未来,应用语言学将继续为语言教学领域的发展发挥重要作用,助力我国培养更多具备国际竞争力的外语人才。

第三节　应用语言学对语言教学的指导意义

应用语言学在外语教学中的重要作用已经得到了广泛的认可。下面分析应用语言学对语言教学的指导意义，以期为外语教学提供更多的启示。

一、语用学与语言教学

语用学关注语言在不同语境下的使用，包括话语分析、语义学等。在语言教学中，语用学理论可以帮助教师更好地理解语言在不同场景中的实际运用，从而指导学生学会如何在不同语境下恰当使用语言。例如，通过研究语境因素，教师可以引导学生注意语言表达的地域性、文化背景等方面的差异，以便在实际交流中更加得体、自然地运用语言。

语用学在语言教学中的应用不仅限于指导学生掌握语言运用的技巧，还在于培养他们的跨文化交际能力。在教学过程中，教师可以借助语用学的理论，设计各种实践活动，让学生在实际语境中体验语言的运用，从而提高他们的语言敏感度和语境理解能力。例如，教师可以组织学生参与角色扮演、情景对话等活动，让学生模拟真实语境锻炼语言表达能力，学会根据不同语境调整语言策略。

此外，语用学理论还有助于提高语言教学的针对性和有效性。通过对学生进行语用能力评估，教师可以深入了解学生在实际交际中所遇到的问题，从而有针对性地进行教学辅导。例如，教师可以针对学生在跨文化交际中常犯的语用错误，设计相应的教学内容，帮助学生认识并改正这些错误。

语用学在语言教学中的应用也有助于提升学生的综合素质。通过对语用学理论的学习，学生可以更好地理解语言与文化的密切关系，提高对文化差异的敏感度和尊重程度。这对于培养具有国际视野和跨文化沟通能力的人才具有重要意义。此外，语用学还能帮助学生树立正确的语言观，认识到语言不仅是交流工具，更是思维方式和文化身份的体现。这有助于激发学生对语言学习的热情，提高他们的学习兴趣和自主学习能力。

总之，将语用学理论应用于语言教学，可以使教学内容更加贴近实际，提高学生的语言运用能力和跨文化交际能力。同时，也有助于提升教学质量和学生的综合素质，培养出更多具有国际竞争力的优秀人才。在今后的语言教学实践中，教师应继续深入研究语用学理论，不断优化教学方法，为提高我国外语教育水平作出更大贡献。

二、认知语言学与语言教学

认知语言学探讨语言与认知过程之间的关系，如概念隐喻、认知构式等理论。在语言教学中，认知语言学理论有助于教师了解学生在学习语言过程中的认知特点，从而设计出更加符合学生认知需求的教学方法。例如，通过运用认知语言学理论，教师可以引导学生运用隐喻、联想等认知策略来加深对语言知识的理解和记忆，从而提高学习效果。

认知语言学的理论与方法不仅在语言教学中具有重要作用，还对二语习得、跨文化交际等领域有着深刻的影响。在二语习得研究中，认知语言学关注学习者在习得过程中如何构建和调整认知结构，以及在这个过程中所使用的认知策略。这有助于研究者深入了解习得过程，为二语教学提供理论支持。

此外，认知语言学在跨文化交际领域也具有重要应用价值。不同文化背景下的语言使用受到认知方式的影响，认知语言学理论可以帮助人们更好地理解跨文化交际中的语言现象。例如，通过研究概念隐喻和文化认知构式，人们可以更深入地探讨不同文化背景下语言表达的内涵和外延，从而促进跨文化交际的顺利进行。

在我国，认知语言学的研究和应用也取得了丰硕的成果。研究者不仅关注认知语言学理论在语言教学、二语习得和跨文化交际等领域的应用，还致力于将认知语言学与其他学科相结合，如认知心理学、神经科学等。这些跨学科研究为我国认知语言学的发展提供了新的视角和理论资源。

总之，认知语言学在我国的发展前景广阔，具有重要的理论和实践价值。为了更好地推动我国认知语言学的发展，研究者应继续深入探讨认知语言学的理论体系，加强跨学科研究，培养更多优秀的认知语言学人才。同时，教育部门也应关注认知语言学在语言教学中的应用，提高教师的专业素质，将认知语言学的理论与方法融入我国的语言教学实践中，以提高我国英语教育质量。在未来，认知语言学将为我国的语言教学和研究领域带来更多的创新和突破。

三、社会语言学与语言教学

社会语言学关注语言与社会的关系，如社会变体、语言与社会阶层、性别等方面的研究。在语言教学中，社会语言学理论可以帮助教师认识语言的社会属性，并据此调整教学策略。例如，教师可以针对不同社会背景的学生制定相应的教育方案，以满足他们的个性化需求。同时，通过引导学生关注社会语言现象，教师可以培养学生的跨文化交际能力，使他们更好地适应多元文化环境。

社会语言学在语言教学中的应用不仅局限于课堂教学，还拓展到了课程设计、教材编写、测试评估等方面。在课程设计中，教师应充分考虑社会语言学原理，确保课程内容贴近社会现实，反映社会变迁。在教材编写方面，社会语言学理论指导教师选取具有时代特征、反映社会风貌的语言材料，使教材更具实用性和针对性。在测试评估环节，社会语言学理念倡导采用多元化的评价方式，如口语表达、角色扮演、小组讨论等，以全面评估学生的语言能力和跨文化交际能力。

此外，社会语言学在语言政策制定和实施方面也发挥着重要作用。政府部门可以借助社会语言学研究成果，制定符合国家利益和民族需求的语言政策。例如，在我国，政府高度重视少数民族地区的语言教育，制定了一系列政策措施，保障各民族使用和发展自己的语言文字。在语言规划方面，社会语言学可以为政府提供语言资源调查和需求分析数据，以科学合理地进行语言规划和调整。

总之，社会语言学在语言教学中的应用具有广泛性，贯穿于教学实践的各个环节。通过运用社会语言学理论，教师可以更好地满足学生的个性化需求，培养他们的跨文化交际能力。同时，社会语言学还为语言政策制定和实施提供理论依据和实践指导。在今后的语言教学与发展中，我们应继续关注社会语言学的研究成果，不断优化教学方法和策略，为我国语言教育事业贡献力量。

四、跨学科研究与语言教学

跨学科研究是应用语言学的一个重要方向，涉及心理学、教育学、社会学等多个学科。在语言教学中，跨学科研究可以帮助教师全面了解学生的学习需求和困难，从而制定出更加有针对性的教学计划。例如，通过跨学科研究，教师可以掌握学生的心理发展特点，进而采用合适的方法激发学生的学习兴趣，提高教学效果。

跨学科研究在应用语言学领域中具有重要意义，不仅有助于提升教学质量，还对语言学习者的个体差异有了更深入的了解。在跨学科研究的指导下，教师能够针对不同学科背景的学生制定更加精细化的教学方案，从而实现因材施教。此外，跨学科研究还能帮助教师了解学习者在语言学习过程中的心理障碍，为教师提供有效的方法和建议，以帮助学生克服这些障碍。

当然，跨学科研究也为语言教学提供了丰富的教学资源和手段。例如，通过心理学的研究，教师可以了解到记忆规律在语言学习中的重要作用，进而设计出符合记忆规律的教学活动，提高学生的学习效果。同时，教育学领域的跨学科研究为教师提供了多种教学方法和策略，如合作学习、任务型教学等，这些方法可以帮助教师更好地组织课堂，提高学生的参与度和积极性。

在社会学领域，跨学科研究有助于教师了解语言学习的社会文化背景，从而使教学更具针对性。例如，通过研究社会文化因素对语言学习的影响，教师可以针对不同文化背景的学生制定适当的教学策略，以促进他们的语言学习。此外，跨学科研究还可以帮助教师关注到社会变迁对语言学习的影响，使教学内容更加贴近实际，提高学生的应用能力。

总之，跨学科研究在应用语言学中具有举足轻重的地位。它不仅有助于提升教学质量，提高学生的学习效果，还能使教学更具针对性，更好地满足学习者的个性化需求。因此，在语言教学中，教师应充分运用跨学科研究的成果，不断优化教学方法和策略，为学习者提供更加高效、优质的教学服务。同时，跨学科研究在我国也应得到更多的关注和重视，以推动我国应用语言学领域的发展，为培养具有国际竞争力的外语人才作出贡献。

当然，应用语言学在语言教学领域的指导作用也不容忽视。从语用学、认知语言学到社会语言学等各个领域，应用语言学理论为语言教学提供了丰富的理论资源和实践启示。教师应充分挖掘这些理论价值，将应用语言学的成果融入日常教学中，以期提高学生的语言应用能力，培养出更多具备跨文化交际能力的人才。

第六章　应用语言学指导下的英语知识教学研究

对于英语教学而言，词汇与语法知识的重要性不言而喻。学生想要学习好英语并有效地进行交流，就需要充分掌握词汇与语法知识。教师在英语教学过程中，需要引导学生通过一定的词汇记忆策略来学习英语词汇，最大可能地扩充自己的词汇量，如此才能打下扎实的英语基础。英语语法的学习相对而言比较枯燥，学生需要付出更大的努力。本章重点研究应用语言学指导下的英语知识教学。

第一节　应用语言学指导下的英语词汇教学

一、词汇教学

"虽有嘉肴，弗食，不知其旨也；虽有至道，弗学，不知其善也。"（《礼记·学记》）不同于自学，教学有其不同寻常的意义，它是学生获得和巩固知识及技能的重要途径，是学生发展智能和培养品德的必要环节。课堂教学中，各个教学活动以及活动的各个环节之间存在着内在联系。教学模式反映着这种联系，它是一种教学程序，并作为一种外在载体将教学内容和教学目的付诸实践，具有优化教学实践、提高教学质量的作用。因此，对教学模式的探索和实践在提高教师的教学效果和学生的学习效果方面都十分重要。

以英语作为第二语言的学习者，通常是为了运用英语进行交流。研究表明，掌握2000～3000个最频繁的单词对于语言学习者用英语进行口头和书面交流至关重要。根据《中国英语能力等级量表》，中国英语学习者和使用者的英语能力包括语言理解能力、语言表达能力、语用能力、语言知识、翻译能力和语言使用策略等，其中语言知识包括组构知识和语用知识。组构知识中的语法知识则包括语音系统和书写形式知识，词汇知识和句法知识。可见，词汇知识是测量中国英语学习者和使用者英语能力不可或缺的基本要素。那么，在英语教学中，词汇教学则是不可忽略的基本环节。语言知识作为课程内容六要素之一，还包括语音知识、词汇知识、语法知识、语篇知识和语用知识等五种知识。因此，探索和开发有效的词汇教学模式对学生打好语言基础、提升语言能力、培养核心素养具有重大意义。

二、应用语言学指导下英语词汇教学的原则

根据英语词汇系统的特点、英语教学的规律和特点及语言学习的目的，英语词汇教学应遵循以下原则。

（一）时间—效益原则

英语教学应以时间—效益原则为基本准则。所谓时间—效益原则，简言之，就是以提高词汇教学的效率为目标，判断词汇教学能否在短时间内获得最大的教学效果。时间—效益原则用以衡量特定的词汇教学法需要教师花费多少时间准备，需要学习者用多少时间学习，教学效益与教学时间是否相称。大纲规定的词汇量远远高于语法点项目的数量，特别是在中高级阶段的教学中，一篇课文高达五十甚至一百余个词汇，如何在有限的教学时间中获得最大的词汇教学效益，成为教师选用合适高效的教学方法的重要评判标准，这就要求教师遵循时间—效益原则。

（二）词不离句原则

词汇的学习离不开具体的语境和句子。教学中，要让学生在句子（短语）中了解词语的含义，把握词语的用法。要铺垫好词语可能出现的语境，语境可以帮助学生加深对词语的意义及典型搭配的理解。许多教师在实际教学中也发现，在语境中学习词语的效果要比在无语境的条件下好，因此一定要多为学生提供典型的例句。

三、应用语言学指导下英语词汇教学的策略

(一) 基于思维导图模式的英语词汇教学

当前,伴随着社会快速发展,科学技术水平显著提高,各种先进技术层出不穷,不仅改变了人们的生活和工作方式,还被应用到各个领域中,加快了各行业的发展步伐,取得显著的应用效果。而若想将先进技术应用到英语教学工作,就需要改变教师的教学理念,调整教学方法,使其不再受到应试教育的影响,能够发现思维导图教学方法的优势,积极主动学习其教学流程,让学生能够深度学习英语词汇。与其他教学方法不同的是,思维导图教学方法能够显著提高学生的创新能力和思维能力,端正学生的学习态度,让学生发现学习英语词汇的乐趣,从而增加师生互动次数,促使教师可以在核心素养背景下,培养高素质高水平的学生,满足社会对人才的需求。

在英语词汇学习过程中,科学合理地应用思维导图教学方法,能够充分激发学生的发散思维,调整教学方式,弥补传统教学方法存在的弊端。例如,当学习"fruit"这一单词时,教师应将"fruit"作为教学核心内容,让学生根据自身知识水平以及词汇量,仔细画出每个分支,不同分支代表不同的水果,之后再写出水果的颜色。此种教学方法,不仅能够加深学生对单词的理解,还能帮助学生扩大英语知识面,丰富英语词汇,使学生掌握更多的英语单词,为后期学习打下良好的基础,促进学生全面发展。

(二) 基于交际模式的大学英语词汇教学

提高教学质量成为英语词汇教学的主要难点,而发挥交际活动的作用,可以快速达到这一目标,确保教学的有效性。实际教学过程中,教师若想帮助学生显著提升英语能力,实现深度学习,应从听、说、读、写四个方面培养。基于此,应在英语词汇教学过程中,将交际活动的作用充分体现出来,活跃课堂教学氛围,拉近师生之间的距离,学生可以主动向教师阐述英语词汇学习中存在的问题,教师及时调整教学方案,有助于教学工作顺利进行,

提高教学效果，使得教师可以在规定时间内完成教学任务。

另外，教师还应适当调整教学方法，避免学生抵触英语学习，或者产生较大的学习压力。在英语教学过程中交际活动是伴随着情感交流所进行的。通过积极的情感交流能够提升学生的学习兴趣与爱好，培养学生的自信心，增强学生的创新意识与合作精神，在交流过程中要让每一名学生都参与其中。教师在布置活动任务后要及时向性格内向、不善交际的学生提供适当的帮助和指导，缓解学生的焦虑情绪。可以将不同性格、不同学习基础的学生分为一组，发挥互帮互助的组内带动作用，为学生提供更加广阔的交流空间。

（三）英语词汇教学的其他模式

1. 因地制宜

要根据当地的实际情况，开展室外活动以提升学生对英语学习的兴趣。带领学生走进大自然，感受自然环境中的事物，结合当地的实际情况为学生词汇的学习创造条件。调动学生学习积极性，利用其熟悉的环境与事物提升词汇记忆能力，同时促使其核心素养的提升。例如，在学习与农场相关的单词时，可以带领学生走进农场，亲眼看见农场中的事物。教师利用学生眼前所见进行引导，提问农场中都有什么？如sheep、tomato、potato等。通过学生的回答，教师加以改正，最终实现对英语词汇的教学，帮助学生加深对词汇的印象，并提升学生的核心素养。再如，学习与自然界相关的单词时，可以带领学生走进公园、走进大自然。在凉亭下，教师与学生用英语进行沟通，询问学生所看见的事物"What can you see？""I can see..."利用一问一答的形式引导学生学会相关词汇。而对于学生尚未掌握的词汇，可以结合实际物体和感受现场教授。如微风breeze、冷cold等，通过亲身感受的方式了解词汇的含义，增强学生的记忆力。

2. 运用信息技术

信息技术的运用发挥了重要的作用，尤其在教学领域中的作用极为突出。在传统教学中，在学习英语词汇时往往需要同时记忆其汉语词汇，给学习带来双倍压力。而利用信息技术能够将英语词汇所对应的汉语意思用图片的形式展现出来，帮助学生以更加直观的形式理解英语词汇，让词汇的学习变得更加简单，更加生动。当学生对词汇的记忆与理解越来越快速，越来越熟练时，自信心也能够随之增强，英语思维也能够随之得到锻炼与培养。

例如，在学习天气相关词汇时，教师要将英文单词所对应的天气类型图片展示在学生面前。如雷雨天气，询问学生这样的天气下都有哪些自然现象？学生会回答打雷、闪电、大雨、大风等，教师在学生回答后将所有的自然现象图片与其所对应的单词展现在屏幕上，让学生一一对应。通过学生自己寻找、自己对应的方式来了解词汇含义，激发其探究意识，培养其自主学习能力。通过这样的方式，学生可以学会rainy、cloudy等词汇。

3. 运用游戏展开教学

当教学活动与游戏结合起来，都会吸引学生的注意力，使其完全沉浸其中。因此，在英语词汇教学过程中，要利用游戏的方式吸引学生兴趣，激发其学习欲望，提升教学质量。所谓兴趣是最好的老师，只有让学生在学习中感受到快乐，才能促使其主动进入学习状态。结合英语词汇展开游戏，在游戏中进行相关教学活动，在游戏中不断学习新的知识，并将新知识与旧知识结合在一起，内化旧知识的同时加深对新知识的理解。

4. 挖掘教材资源

课本中的教学资料是课堂教学的载体，因此教师在授课过程中应当充分挖掘教材资源，不断拓展，借助互联网的力量将更多的优秀资源引入课堂，弥补学生的空白知识，拓展学生知识界面。

在英语词汇教学过程中，教师还可以带领学生了解中西方文化的差异。例如，在学习颜色相关单词时，可以以婚礼为例，询问中国婚礼时以什么颜色为主？国外举办婚礼时以什么颜色为主？可以发现，中国在举办婚礼时以红色作为主色调，意寓吉祥如意。而外国在举办婚礼时，多以白色为主，认为白色更加纯洁。再如学习传统节日相关词汇时，可以发现中国传统节日中的春节，会吃饺子。而外国传统节日中的圣诞节，会吃火鸡，会摆放圣诞树。由此发现，中西方文化的差异如此之大，在日后的学习中要理解中西方文化的差异，并尊重差异。

5. 多元化方式记忆词汇

词汇的记忆无论对何时的学生而言都存在很大的难度，大多数学生都靠着死记硬背的方式背诵。但这种机械的背诵方式，背得快忘得也快。因此，教师应当教授学生以多元化的方式进行记忆，培养其词汇记忆能力并开拓词汇记忆方式。例如：

联想记忆法。在教授词汇时，首先要引导学生树立自信心，不要产生畏惧的心理。再引导学生对单词进行联想，如elephant这个词汇，可以把ele想象成大象的两个眼睛，以及一个长长的鼻子，再利用ant是大象最害怕的动物的方式，记住大象这个单词。

音标记忆法。在学习词汇前，要反复熟读词汇，保证每个发音标准。由发音时的音标来记忆单词。

拆分单词法。将所学单词拆分成已知单词与未知单词两组，在记忆时利用已知单词加未知单词的方式进行记忆。如bear这个单词，ear是已知的，再加上一个b，自然能够记住。而将b换成p，又可以记住另外一个单词。类似地，利用ear这个单词，可以搭配n、f、g等字母，分别组成不同的单词。这种记忆方式大幅提升了记忆的速度，使得记忆更加深刻。

拼读记忆法。采用该方法可以增强教学的趣味性，让学生积极参与到拼读学习中，在轻松且愉快的氛围下完成学习过程。如在拼读时采取唱儿歌的方式，将所拼读的内容提前编成儿歌由学生反复唱诵。如利用配图讲故事的方式，结合多媒体教学设备将单词与图画、动画结合起来，利用讲故事的方式进行记忆。当然，拼读记忆法也可以将单词字母、读音结合起来，在学习时引导学生举一反三，自己寻找拼读的规律，并利用适合自己的方式学习其他词汇的拼读方式。如在学习[u]的发音时，可以将单词进行分类，再给学生举例，如book、look等词语的发音，oo要发音成[u]。经过反复地大声地朗读，理解并掌握[u]的发音。而后在记忆单词时可以采取大声发音的方式，结合记忆规律，直接写出所背诵的单词。

6.构建知识体系

学生在进行课堂学习过程中难以长时间集中注意力，极大地降低了教学质量和效果，影响了学生未来发展，尤其是英语科目。与其他科目相比，英语学科具有较高的难度，学生很难充分掌握教师所讲解的内容，导致学生产生抵触心理，影响学生的英语成绩。针对这一现象，在进行英语词汇教学过程中，若想让学生深度学习，掌握更多的英语词汇，发现学习英语的乐趣，应根据具体教学内容，充分利用现有资源，构建相符合的知识体系，确保英语词汇教学工作顺利进行。

在实际教学过程中，传统的教授方式无法达到使学生深度学习的目的，学生一下课容易遗忘，导致教学缺少实际意义。而通过相应的活动，构建知识体系，不仅能够吸引学生的目光，还能有效提高教学质量，学生可以积极主动进行学习，发现学习英语词汇的方法，深度学习英语单词。在英语课堂中，教师应利用当前的先进技术，到网络上查找有关教学内容，取其精华，去其糟粕，将其应用到具体教学过程中，之后可以通过角色扮演的方式，加深学生对词汇的了解。

第二节 应用语言学指导下的英语语法教学

一、语法教学

语法教学是教师通过课堂教学活动向学生传授语法构成规则，让学生获得语法知识并以此为基础培养学生听、说、读、写等技能的语言教学活动。语法教学是英语教学中的重要部分，语法教学在英语教学中必不可少。在教授语法时，我们通常会使用不同的语法教学方法和策略来达到让学生理解和使用语法知识的目的。

英语教学中常用到的语法教学方法主要有两种：归纳语法教学和演绎语法教学。在过去的教育实践中，最常用的是第二种，但是现在更多地采用了第一种。第一种教学方法是把学生放在第一位，在老师的引导下，他们以小组为单位，进行自主观察、发现，并对语法规律进行总结。在总结语法的过程中，学生们运用具体的例子，再通过有趣的小组交流，主动地去寻找、发现语法规律，从而让语法课的气氛变得非常活跃。演绎语法教学指的是老师根据自己过去的经历,将一些抽象的语法法则传授到孩子们的手中,用大量的实例和语言资料来对一些观念进行解释,之后再通过训练对其进行后续的跟踪,最终形成了"老师讲,学生听;老师说,学生记"的方式。

与演绎法教学比较起来,归纳语法教学具有更显著的优势,它能够在实际的情境中,让学生对新的语法结构有一个更好的了解。如果他们养成主动寻找语言规律的习惯,并将其贯穿到整个语言学习中,那么学生就会不断提高自己,慢慢形成自我教育的习惯,这样,他们的语法学习也会变得越来越得心应手。但是,归纳教学法是一种耗时较长的方法,它要求老师作好足够的准备工作。演绎教学法可以减少学生预习的时间,从而减少了他们走错方向的可能性。但是,如果仅仅是简单地进行一些干巴巴的讲解,而脱离了上下文,就会让学生的学习兴趣下降。此外,过于强调形式化的"演绎法"方法常常会造成学生在实践中无法将所学的知识有效地应用,难以达到"学以致用"的效果。总结和推导语法的教学各有其优点和缺点,最好的办法就是要在学生的实际学习过程中,选择一种适合他们的学习方式,也可以采用以归纳语法教学为主,演绎语法为辅的方式。

二、应用语言学指导下英语语法教学的原则

在英语语法教学中,呈现有意义的语言材料,不仅能吸引学生的注意力,培养学生的兴趣爱好,而且能让学生快速进入学习状态,为英语教学效果提供有力保障。所以,教师在呈现有意义的语言材料时,应从语言材料原则的遵循、语言材料类型的选择、语言材料活动的实施三个方面进行教学设计。选择有意义的语言材料应该遵循以下原则。

(一)精讲多练原则

精讲多练原则是英语作为第二语言教学应当遵循的最基本、最重要的原则,在英语语法教学中贯彻"精讲多练"原则尤为重要。我们知道,对各个

语言要素而言，语法的学习最受学习者重视。在课堂教学中，教师也会拿出相当多的时间，花费相当大的精力进行语法的讲授。由于语法往往比较复杂，此时，切记教师不要说得过多，其实只要设计得当，很多时候不需要教师过多讲解，学生就能在语境中明白。一般来说，"讲"和"练"的比例控制在3∶7较为合适。

（二）趣味性原则

处于义务教育阶段的学生，心理和生理都还未发展完善，自我约束力有所欠缺，对于一切新的事物都充满好奇。英语语法对于学生来说，既新鲜又抽象，学生不论是从理解上，还是从认知上，都有较大的难度，再加上英语学习是一个长期的过程，如果教师所提供的语言材料枯燥乏味，没有趣味性、生动性，学生就容易对语法产生消极的心理，丧失对语法学习的积极性，甚至产生排斥感。所以，教师在进行教学设计时，要充分考虑学生的心理和生理因素，增强语言材料的趣味性，做到寓教于乐，让学生在愉快的氛围中感受英语语法，增加对英语语法学习的兴趣和信心。

（三）相关性原则

语言材料的相关性，是指教师在进行教学设计时，对语言材料的选择要有所要求，不能因为要吸引学生的注意，培养学生的兴趣爱好，就忽略语言材料和语法课之间的联系。一个高质量的教学设计，其中的教学步骤一定是环环相扣的。语言材料和教学内容之间缺乏关联，必定会使得教学内容过于冗杂，毫无主次轻重之分。所以，语言材料要有意义，与教学内容要有相关性，不能天马行空。

（四）真实性原则

语言与生活息息相关，脱离了真实语境的语言材料，不仅阻碍学生对语言知识的理解，甚至会使学生产生对语言学习的排斥心理。因此，教师在选择语言材料时，不仅要考虑学生的语言水平，而且要考虑学生的真实生活背景，从学生熟悉的生活场景中选择合适的语言材料，只有这样，才能与学生产生共鸣，激发学生的求知欲望，让学生的语言学习源于生活，用于生活。

（五）适度性原则

人的记忆力是有限的，过多的语言材料会分散学生的注意力，过少的语言材料又不能达到教学的效果。美国著名心理学家Miller于1994年在其发表的研究报告《神奇的数字7 ± 2：我们信息加工能力的局限》中指明：人的记忆容量为7 ± 2个组块，同时记忆的保持时间在无复述的情况下只有5~20秒，最长也不超过1分钟。所以，教师在进行教学设计时，不宜设计较多的语言材料内容，课堂导入时间不宜过长，且应遵从学生的实际学习水平和认知发展规律，做到难度适中、内容适度。

（六）操作性原则

在英语语法教学中，教师要始终坚持以实践为目的的语法教学。也就是说，在语法教学中，要坚持操作性的原则。特别是在初级阶段的语法教学中，操作性原则显得尤其重要。在语法教学中，教师要将操作性原则贯穿于语法教学始终，突出操作训练环节，尽量弱化语法规则的讲解。

首先，在语法学习的初级阶段，对课文、练习或学生在练习或作文中的病句，进行有针对性的讲解，潜移默化地影响学生的语法学习。

其次，在语法学习的中高级阶段，适当加大语法规则讲解比重，提高学生英语语法的分析能力。

同时，仍然要加强操作训练，让英语语法最终内化为一种稳固的语言能力。在这个阶段，教师要注意内容的准备和安排要尽量贴近学生实际生活，内容要尽量充分，将大量的日常用语放入练习中，让学生为以后的学习作好充分的准备。

三、应用语言学指导下英语语法教学的策略

（一）基于POA理论的英语语法教学

1. 驱动环节

第一个部分是"呈现交际场景"，教师需要运用自身的创意和语言、视频、图片等媒介让学生体会到真实的语法交际情境，这就要求教师在课前深入了解学生的兴趣和需求，搜集合适的驱动材料，用大量的内容输入来激发学生的好奇心或者激活学生的相关背景知识，要求教师与时俱进，具备强大的创新能力。

第二个部分是"学生亲身体会"，教师呈现部分驱动材料之后给学生安排一定的输出任务，例如回答问题、分享趣事等，运用自己的英语知识完成交际性任务，在此过程中让学生意识到自己对相关语法知识的匮乏，从而激发求知欲。

第三个部分是"教师说明教学目标和产出任务"，教学分为交际目标和语法目标，需要注意的是语法目标一定要是为交际服务的，着重关注解决语法学习中"学用分离"的问题。

2. 促成环节

第一步需要教师描述产出任务，让学生对本堂课的语法学习目标和语法任务有清晰的认知，如学习状语从句，教师需要告诉学生本节课的学习目标是掌握多种状语从句的结构、标志词，语法任务是能够判断状语从句的类型，以及在相应的任务和情境中自己造句，改写状语从句等。

第二步是学生进行选择性学习，自主选择语法产出任务所需要的输入材料，教师起到支架作用，在学生完成任务的过程中进行指点，鼓励学生进行富有个性的自我表达。这一步是学生将语法的形式与意义和使用结合起来至为关键的一步，整个过程教师都要即时对学生的产出结果和语法使用的准确性进行检查，掌握学生的学习效果。

第三步是产出练习与检查，教师要注意产出任务的循序渐进以及检查的及时性，充分了解学生是否具备完成产出任务的能力，能否充分理解语法规

则、准确应用语法。在促成环节，教师尤其要注意学习中心原则，学习前期，教师起到支架作用，不对学生的学习进行过度干涉，但是也不能完全不指导。如果后期有高水平的学生能够掌握相应的学习方法，教师可以将脚手架的角色交给他们，并鼓励学生自己寻找或者补充输入性材料，给予学生自主探究学习的空间。

3. 评价环节

评价分为即时评价和延时评价，即时评价是对促成环节中学生的产出任务进行评价，例如教师布置思维导图任务，学生在画好思维导图之后进行展示，教师对产出作业进行有针对性和差异化的评价与指导。即时评价既能帮助学生了解自己的劣势与优势，也能帮助教师调整教学进度，掌控教学效果。延时评价指教师给学生布置课后语法作业，学生在课外完成之后交给教师进行评价，主要是为了检验学生一整节课的学习成果，也能帮助教师进行反思，改进下一节课的教学。

同时，延时评价分为复习性产出和迁移性产出，这就要求教师掌握学生的水平，布置分层作业。复习性产出要求学生运用课堂上学到的语法知识完成课后练习题，迁移性产出要求语法水平高的学生完成更高难度的语法作业，例如以现在完成时为主要时态写一篇作文。

另外，评价环节需注意评价的结果要实现合作共赢的目的，师生共同学习评价标准，在评价时采用教师评价、自主评价、生生互评等多种评价方式，确保评价的针对性与差异性，让评价者和被评价者共同受益，即让学生从自己同伴的产出任务结果中学会如何学习语法知识，深入理解语法规则，改进自己的学习方式和产出结果。

此外，POA理论指导的语法教学需要因教师、教学对象而异，如何选择驱动材料，如何设置产出任务，如何设置分层作业，都基于教师对学生的了解，对教师创新能力、支架作用的要求尤为突出。

（二）基于PACE模式的英语语法教学

语法知识是"形式—意义—使用"的统一体，与语音、词汇、语篇和语用等紧密相连，在语言的使用中，语法直接影响语言理解与表达的准确性和得体性。基于PACE模式，从呈现语言材料、注重语言形式、共建语法规则等维度出发，结合影响英语语法教学设计的因素的分析，对英语的语法教学设计提出有针对性的对策与建议，旨在为语法教学设计提供理论指导，丰富当前英语语法教学设计的形式和内容，提高英语语法教学质量。

1. 呈现语言材料

（1）语言材料类型的选择

语言材料是语言信息的载体，能够分享传递、沟通交流。合理选择语言材料，通过让学生接触和体验不同的语言材料，从不同的角度去认识语言，以达到丰富学生语言知识储备，培养学生学习兴趣的目的。语言材料根据类型，大致可分为两类，一类是文本类语言材料，另一类是音视频类语言材料。

文本类语言材料的种类很多，包括英语教科书、新闻报刊、课外读物、文章诗词等。音视频类语言材料，如流行歌曲、古典音乐、影视作品等，不论是从视觉上还是听觉上，都给人直观的感受。以英语语法中的现在进行时态为例，现在进行时态展现的是一个物体正在运动的过程，教师可以选取世界杯中的精彩射门视频作为语言材料，视频中球员在球场奔跑射门的状态、观众席上观众们庆祝呐喊的状态，都是现在进行时态很好的体现。教师用世界杯视频作为课堂导入的语言材料，一方面，语言材料将抽象的语法知识具体化，让学生感受到什么是现在进行时态；另一方面，又能让学生感受体育的魅力，丰富学生的精神世界。

（2）语言材料活动的实施

语言材料形式多样，不仅可以通过书面的形式表现出来，还可以通过活动的形式，向学生传递语言信息。为吸引学生注意，教师将有意义的语言材料融入活动中，例如，听唱歌曲、听讲故事、做运动、做实验等，通过视觉、嗅觉、听觉、味觉、触觉等，从感官上让学生在活动中感受语言所传递的信息，活跃课堂氛围，为后面的教学作好铺垫。

2. 注重材料中的语言形式

注重材料中的语言形式，是指教师将学生的注意力从语言材料转移到语言形式上，即对语言材料中某一语法结构加以重视，其目的在于：让学生在理解语言材料的基础上，发现语言规律。

学生的生理和心理正处于快速发展阶段，不仅活泼好动，而且对一切新生事物都充满好奇，教师要利用好这个契机，采用多种方式，突出语法特点，将学生的注意力从语言材料转移到语言形式上，为下一步骤教学的开展打好基础。教师转移学生注意力的方式多种多样，如教师可以通过布置相关的学习任务、设计相关的教学活动、用粗体或下划线标记关键词句、设计黑板板书、使用幻灯片或多媒体凸显相关的语法规则等方式来实现。教师在对学生的注意力进行引导转移时，应注意以下四点。

（1）学习任务主次分明

英语语法概念比较抽象，学生在英语语法学习的过程中容易注意力分散，这就要求教师在进行学习任务的布置时，要分清主次。以英语语法的一般过去时态知识点为例，教师要明确要求学生从语言材料中找出与一般过去时态相关的信号词，如yesterday、just now、one hour ago等，同时要求学生画出一般过去时态的动词变化，如动词原形加ed、以e结尾的动词直接加d、辅音字母加y结尾的，变y为i再加ed、以重读闭音节结尾，末尾只有一个辅音字母，双写这个辅音字母加ed等，布置学习任务的目的是让学生在完成每一项任务的过程中，强化学生对语言材料中语言形式的关注，即对英语语法知识点起到注意和强化的作用。

（2）教学活动设计合理

在语言教学中，教学活动是实现教学目标的重要手段，本环节的教学目标就是将学生的注意力从语言材料转移到语言形式上。想要达成教学目标，教师在进行教学活动设计时，要注意以下三点：一是教学活动的设计要符合当前的学生生理和心理，教师根据学生的性别、兴趣爱好、认知水平等设计教学活动；二是教学活动要紧扣教材内容，不能偏离教材实际信息；三是教学活动要形式多样，教师通过不同形式的活动与学生互动，让学生参与课堂。

（3）板书设计明了清晰

板书是英语课堂教学的有机组成部分，也是教师进行教学的重要辅助手段。明了清晰的板书设计有利于学生更加注重语言材料中的语言形式，帮助学生认识和理解英语语法内容。教师在进行板书设计时要注意：一是浓缩语言形式内容，明确语言形式规范；二是理清语言材料思路，把握语言形式重点；三是揭示语言形式内在联系，掌握语言形式逻辑思维；四是总结语言形式规律，内化语言知识体系。

（4）多媒体使用适度得当

随着科学技术的发展，多媒体技术已经广泛地融入日常的教学中，具有智能性、集成性、交互性、扩展性的多媒体技术，使得英语教学变得丰富多彩。在课上，多媒体技术的融入扩大了语言信息的输入，满足了学生的求知欲望。多媒体技术的使用，不仅激发了学生的学习兴趣，启发了学生的想象力，而且还弥补了教师的不足，完善了课堂结构。但是，越来越多的教师开始过度依赖多媒体技术，从知识的传播者，变成幻灯片的播放者。内容繁多的电子课件，分散了学生的注意力，让学生难以将注意力集中在语言知识上。整齐划一的电子课件，不仅限制了学生的想象和情感体验，甚至阻碍了师生情感的交流。所以，适度地使用多媒体技术，值得教师深思。

3. 师生共建语法规则

师生共建语法规则，是基于建构主义学习理论中维果茨基的"最近发展区"观点，凸显学生的主体性，强调学生自我对学习的建构和发展。师生共建语法规则的过程，就是学生在老师的引领和同伴的帮助下，从"实际发展水平"范围跨越到"潜在发展水平"范围的过程。教学主体是学生，教师的任务不是去直接讲解语法知识，而是和学生共同合作，共同建构语法规则。教师在进行教学设计时应注意以下三点。

（1）教学出发点：以学生为中心

近年来，随着教师对语言和语言教学观念认识的加强，英语课堂中，教师"满堂灌""一言堂"等情况有所改变。在英语课堂中，教学的出发点和归宿应该是学生。学生是英语课堂的体验者、探讨者、学习者、操练者、提问者、运用者。所以，教师在进行英语语法教学设计时，要以学生为中心，教学活动应该围绕学生进行，引导学生自我学习、自我建构、自我发展，才能使其真正成长。

（2）教学手段：支架式教学

在建构主义学习理论的框架中，基于维果茨基的"最近发展区"理念，支架式教学概念由Wood、Bruner、Ross于20世纪50年代末提出，其主要观点是以学习者为中心，充分发挥教师主导作用，通过教师和学生，以及学生之间的互动，帮助学生解决他们无法独立解决的问题；另外，课堂上让学生之间互为支架，小组成员之间通过协作学习，使他们相互帮助从而共同进步。

教师在进行英语语法教学设计时，应采用支架式教学法搭建支架，通过提出相关的问题，引发学生对英语语法知识点的思考，在思考的过程中和学生进行讨论，从而帮助学生理解和辨析语法知识点，促进学生内化所学知识，最后，教师和学生共同对所学的英语语法知识点进行归纳和总结，得出具有价值的结论，使学生能逐步地成长为独立、自主的学习者。

（3）教学组织形式：合作式学习

师生合作学习是师生共建语法规则环节中主要的学习形式。学生可以通过与教师的互动收获英语语法知识，教师也可以通过与学生的沟通交流，明晰学生的不足，了解学生的发展情况，从而反思自己的教学，进一步改进教学方法，使学生的学习更具有时效性，使教师的教学更加完整高效。

教师在进行英语语法教学设计时，应摒弃以往的以教师为主体的传统教学理念，将教学主体由教师转变为学生，增加与学生的互动，加强和学生的沟通，促使学生在与教师的合作学习中对所学知识进行意义建构，充分体现学生在课堂学习中合作者、参与者的主体地位。教师的教与学生的学，二者相互促进、共同发展。

（三）基于互动教学模式的英语语法教学

1. 设计教学游戏，激发学习兴趣

在英语语法教学活动中，设计教学游戏是激发学生学习兴趣、培养学生学科爱好、集中学生注意力的有效策略之一。兴趣是最好的老师，在教学过程中，教师应以培养兴趣为主，在学生情绪饱满的状态下渗透语法知识。

设计教学游戏可以从课前情境导入、课堂巩固记忆和课后开放式游戏三方面入手。教师可以在讲课前根据课堂教学内容情境创设简单易操作的小游戏，如趣味问答、猜谜语等，既不占用大量时间，又能快速将话题引入学习内容中。教师可以在课堂上插入知识巩固游戏，在讲解过相关学习内容后进入游戏环节，利用游戏规则让学生集中精神聆听他人重复本课句式、语法词汇或自己反复朗读。学生通过游戏反复学习本课重点内容，可以形成牢固的记忆点。在游戏情境中，学生的情绪较为积极，记忆速度、学习效率均有所提升。就课后开放式游戏来说：教师可以将课堂上的游戏延续到课下，请同学们稍微改变游戏规则，不限制游戏人数，让同学们在课余时间积极参与英语游戏，在游戏中巩固知识。

2. 利用信息技术，深化知识理解

在英语语法教学活动中，利用信息技术辅助课堂，是深化学生对知识的理解、丰富课堂体验的有效策略之一。利用信息技术深化知识理解，可以从制作微课视频、播放精美课件、图片创设情境、音乐营造氛围等方面入手。

就微课视频来说，教师可以在课前准备微课视频，利用简洁凝练的语言搭配和谐的动画，深化学生对单一知识点的理解，达到辅助课堂教学、深化学生学习体会的教育目的。就播放精美课件来说，教师可以利用课件的讲解进度推进课堂进程、把握教学环节；就图片创设情境来说，教师可以在讲解的同时在屏幕上播放相关插图，辅助学生理解；就音乐营造氛围来说，教师可以寻找与课堂内容相关的乐曲或背景音乐，带领学生进行音乐歌唱活动。

3. 强化专题训练，巩固知识记忆

在英语语法学习活动中，专题训练是帮助学生查漏补缺、检验学习成果、巩固知识记忆的有效策略之一。专题训练可以从预习题目、课堂作业、课后专题训练和复习专题训练方面入手。

就预习题目来说，教师可以在学生预习环节给学生布置简单题目，请学生尝试回答并将回答带入课堂，在听课过程中检验自己的回答是否正确，以此调动学生学习兴趣。

就课堂作业来说，教师可以在完成课堂教学内容后为学生布置当堂检验作业，并总结学生常错题目进行重复教学，提升当堂学习效率。

就课后专题训练来说，教师可以设计多套针对不同考点、不同题型的专题训练，根据学生的个人作业完成情况布置适当的课后作业题目，巩固知识空缺。

就复习专题训练来说，教师可以定期为学生布置复习专题训练，将考点进行融合，以此提升学生的综合学习能力，巩固知识记忆。

4. 创造交流情境，强化语言能力

在英语语法学习活动中，创造交流情境是培养综合表达能力、强化语言能力的有效策略之一。语言能力可以笼统概括为口语表达能力和书面表达能力。就口语表达能力来说，教师可以通过小组对话、接龙对话、情境创设、角色扮演等方式锻炼学生的口语表达能力，检验学生的语法掌握状态。教师可以将学生分成若干小组，请小组同学轮流利用课文进行对话，巩固知识记忆，培养英语语感，此活动可以集中锻炼学生的复述能力。教师可以请同学们进行对话接龙，设计造句规则，即兴发挥，在不违反语法规则的情况下畅所欲言，将对话以接龙的形式传递下去。此活动可以集中锻炼学生的造句能力。教师可以创设课文情境，请同学们扮演课文角色并进行即兴表演，用英文进行对话，融合表演元素，适当夸张语气，活跃课堂氛围。此活动主要锻炼学生的临场发挥能力。在教师的引导下，学生的各项口语表达能力得到充分的锻炼。就书面表达能力来说，教师可以为学生布置填补对话式题目或开放式作文题目，立足整体观察学生的语言组织能力和词句应用能力，全面掌握学生语法学习情况。

第七章　应用语言学指导下的英语技能教学研究

对于英语学习者而言,英语学习的过程在一定程度上其实是提升自身英语听说读写译能力的过程,学习者只有将英语技能提升到一定水平,才可以流畅自如地使用英语这门语言展开交际。为此,本章重点研究应用语言学指导下的英语技能教学。

第一节　应用语言学指导下的英语听力教学

一、听力教学

英语教学传统学习理论的学者认为，学习者学习语言知识始于教师的讲解，但近年来学者们根据对其理论的深入研究，对英语听力教学给出了不同的定义。英语听力教学可被定义为能够提供可理解性输入，促进语言知识的建构，帮助学生培养综合运用英语进行交际的能力，引导学生体验与感受用英语交际成功后的喜悦，增强学习自信心，提高其学习英语的兴趣。在英语听力教学中，教师应提供大量的语音练习活动，使学生学会借助语音知识有效地理解说话人的态度、意图和情感。

二、应用语言学指导下英语听力教学的原则

（一）注重情境原则

对语言知识的学习与应用过程，是一种在学生头脑中形成知识表象的学习过程。所以，学生的学习兴趣、好奇心和求知欲也是教师创设情境进行教学设计的重要因素。教师可以通过播放一段歌曲、一个小故事或者是一段文字等方式，在英语听说课的课堂上引入情境元素，让学生在课堂上与同伴进行交流。这样不仅可以让学生在一定程度上了解英语国家文化，还能进一步激发学生英语学习的信心和好奇心。另外，教师在使用创设情境元素时，还要注意把握创设情境元素与教材内容之间的关系。

（二）听说结合原则

1. 利用听说教学，实现听说训练的整体性

在英语听说教学中，学生听、说能力的培养过程中，教师要把握听、说的特点、规律，以点带面。听力是听说学习中的一个重要环节，对于英语听说学习的指导意义也非常大。学生在进行听力训练时如果只注重听力训练的结果，而忽略了语言的学习过程和规律等方面，就会导致学生对语言的认知与理解出现偏差。对于学生而言，其听的能力是在一定背景下建立起来的，而不是说出来就能得到提高。

教师在进行听说教学时应该把学生当作一个整体来看待，在听力教学中，可以将一些语言点与学生的生活经验联系起来，从而提高学生听、说能力；可以通过不同文体的语言来提高学生对不同文体语言特点和表达方式的了解；同时也可以采用游戏等方式提高学习兴趣以及效果；还可以通过一些生活中常用单词、句子以及各种句子之间的联系来帮助学生更好地掌握英语词汇、语法知识等。因此，要想实现良好的英语听说教学效果，就必须对听与说能力进行整体性训练。

2. 采用灵活多样的听说训练手段

基于深度学习视野，在组织学生进行听说训练时，要注意联系学生实际，根据学生身心特点，设计多种多样的训练手段，基于丰富多彩的课堂活动开展训练，让学生有参与的热情和兴趣。

要注意根据学生的学习特点和兴趣来选择教学内容，采取灵活多样、生动活泼的教学方法，引导学生用英语表达思想，用英语进行交流。英语学习中应以听说为基础，以听为主，在听说中提高理解能力和综合运用英语语言的能力。阶段学习英语的目的是交流，因此教师在教学前要先了解学生学习方式，以便于在课堂上创设良好环境，提供机会让学生参与到课堂教学活动中来。例如，在讲授语法的过程中，教师可通过语言现象来激发学生的学习兴趣。教师要通过不同的方式方法来启发学生观察、思考，使其产生求知欲。教师还应尽可能为学生提供听、说英语的机会。英语听说课教学中要注意充分利用教材丰富的语言材料来激发学生兴趣；引导学生用简单句型学习语言知识；鼓励学生运用英语进行交流与讨论；指导学生们使用基本交际词

汇；引导他们正确地朗读课文；教给学生简单的记忆方法，如"重复记忆法""比较记忆法"和"联想记忆法"等。

三、应用语言学指导下英语听力教学的策略

（一）建立有效评价体系，让听与说相互促进

在英语听说教学中，教师要重视学生听与说的相互促进作用，并且要对学生进行评价。由于学生的听说水平参差不齐，在具体测评时也不能统一进行。例如，教师在上完一节课后需要对学生的表达能力和学习态度等方面进行评价时，教师可以将这些内容分为三个部分：第一部分是语言知识类问题（重点检查学生对词义、时态和句型的掌握情况）；第二部分是语言技能类问题（检查学生单词拼写、语法和句型等方面情况）；第三部分是思维品质类问题（主要检查学生对于文章内容的理解、分析和判断方面）。

在听说训练结束后，教师需要组织一次课堂检测，通过一些有针对性的练习，对各个部分的测试进行综合评价。此外，教师还需要为学生提供机会，让他们在课下与其他班同学互动交流。同时还可以对学生提出一些英语学习方面的问题或建议，从而提高他们听与说的能力。

（二）重视提升英语教师的语言综合运用能力

大多数英语教师的母语不是英语，而且很少有机会与以英语为母语的人交流，所以他们的语言表达并不真实。因此，他们不能完美地发挥课堂交际活动的组织者和指导作用，也不能为学生创造良好的口头交流情境。目前，一些英语教师的口语存在发音带有地方口音、语音语调不纯正等问题；课堂语言僵化、不自然，不符合英语交际的习惯。为了提高语言沟通能力，教师应积极参加各类提高培训，同时注意平时的听说练习，模仿标准音频的发音，纠正自己存在的缺点。通过必要的口语培训，教师能够改善口语水平，

使用更灵活的英语课堂语言，提高课堂上的口语氛围。此外，我们在加强英语口语能力后，还需要提高自己的语言丰富性和美感，营造活跃的课堂氛围。语言的美要求教师在教学中掌握发音和语调并努力使语言更有节奏。而且，我们也要加强对教师的个人修养的培养。对于学生在听力中遇到的困难和问题，教师要能够认真分析，不要把结果当作一切，盲目批评。相反，教师要善于提出建设性的解释或解决办法，及时鼓励学生，激发学生的听力热情，克服他们害怕困难的心理，减少心理障碍。

第二节　应用语言学指导下的英语口语教学

一、口语教学

口语教学的目的之一就是提高学生的口语能力，而对于口语能力这一概念的界定，不同学者对其描述也有所不同。Bachman和Palmer（1996）认为，口语能力是由很多不同的能力构成的，其中包括语言运用能力、话语组织能力、表达的得体性、交际策略运用等，而语言能力和交际语境则被它们分为两个不同的独立成分。语言学家Weir和Bygate认为口语能力包括微语言技能（micro-linguistic skills)、常规技能（routine skills)和应变技能（improvisation skills）三个层次。语音、词汇、语法知识是微语言的主要内容，这对应着《课标》中的语言能力；常规技能则包括常用的口头叙述和交际表达的能力，对应着《课标》规定的表达能力；应变技能则指的是在日常不同的交际过程中随机应变，并进行交际的能力，体现了口语的交际能力。《中国英语能力等级量表》中根据语言能力描述框架将语言表达能力分为口头表达能力和书面表达能力，并划分了九个等级，其中高考对应第四等级，即能够在常见的社会情境中理解常见话题的语言材料，理解主旨和内容，掌握最重要的事实和观点,并能意识到他人的意图和态度;能够在熟悉的情境中就熟悉的话题进行交流,描述事件的过程,介绍事物的情况,解释要点,简述个人观点等,表达更加准确、清晰和一致。《中国高考评价体系》则指出可以从准确性、流利性和得体性等方面对学生的口语能力进行评价。

二、应用语言学指导下英语口语教学的原则

(一)标准化、丰富化原则

对于教师来说,要善于利用典型课例资源来提升教学水平,善于利用教研讨论来丰富专业技能,善于利用各类教学资源来丰富英语听说教学,善于利用智能平台的功能鼓励学生主动使用;对学生来说,要善于利用助学平台来完成教学活动中的学习任务,善于利用丰富的教学资源和游戏资源来主动提升英语听说能力,善于利用班群功能与互补班的同学进行交流沟通,善于利用跟读配音等功能提升自己的水平。

(二)多样化、趣味化原则

在组织教学实验过程中,不少学生喜欢跟读、情景对话等作业形式,而这主要是由于教师布置的作业内容倾向于这些方式,长此以往,学生已经习惯了这种作业形式。此外,很多教师基本未布置过趣味配音等相关听说训练。网络教学资源能对这些方面起到一个良好的补充和平衡的作用,教师可以借此来开阔学生的视野,让学生对于课本以外的知识进行适度了解。此外,教师还可在授课时,充分利用网络资源为学生组织更多的活动,如英文辩论赛、电影配音大赛等活动,从而使英语的听说教学寓教于乐。

（三）科学化、个性化交互原则

有效提高学生英语听说能力并不是盲目让学生进行大量英语听说训练，而是让教师和学生学会如何通过科学化、个性化的交互教学功能来推动精准化教学。

首先，在课前，教师应当发布与课程主题相关的学习任务，观察学生任务完成情况，对于需要指出来的问题应当集中到课中环节进行重点讲述。在课中，教师应当通过头脑风暴、连环提问、情景创设、角色扮演、朗读、口头作文等方式来增强与学生的互动，在互动中发现问题，在互动中解决问题。

其次，在课后，针对不同英语听说水平的学生分层设置作业，让不同能力的学生都能在解决高出自身能力范围的作业过程中进行自我提升。

三、应用语言学指导下英语口语教学的策略

（一）模仿

社会认知理论指出，在学习过程中，学习者将教师所传授的语言知识和技能内化为自身能力，必须经历四个关键阶段，包括观察、模仿、自我控制和自我调节。观察和模仿作为基础阶段，具有至关重要的地位。在英语口语教学中，模仿的核心任务包括两个方面：准确发音和正确语调。

学习者要能准确地发出每个元音和辅音，同时掌握语调的运用。在模仿过程中，态度端正，举止大方，口型准确，语调清晰，避免犹豫不决、拘谨拘束。初学者不必急于快速表达，而是在确保语音正确的前提下，允许语速稍慢，直至达到正常的语速水平。

学习者在模仿时应遵循循序渐进的原则。具体来说，可以从模仿单词的语音开始，逐步过渡到词组、句子、段落和篇章的模仿。只有这样，才能取得理想的学习效果。

在进行模仿时，学习者还需注意以下三点。首先，大声模仿至关重要。大声模仿能充分调动口腔肌肉，有助于形成英语发音的运动模式。其次，学习者要有意识地模仿。在模仿过程中，要有明确的目标，用心去体会、揣摩，随时纠正自身不正确的发音。最后，长期坚持模仿是关键。要想拥有纯正优美的语音和语调，并非一朝一夕之功，需要经过长时间的模仿练习。

在社会认知理论的指导下，学习者通过观察、模仿、自我控制和自我调节四个阶段，将教师所传授的语言知识和技能内化为自身能力。在此过程中，学习者要注重模仿的技巧，遵循循序渐进的原则，并保持长期不懈地练习，从而达到英语口语学习的理想境界。

（二）背诵

背诵是提高英语口语表达能力的有力保障。它不仅能够巩固英语基础知识，还能增强学习者的语感。然而，背诵的内容应根据个人能力而定，以达到事半功倍的效果。如果英语基础较为薄弱，可以选择背诵一些核心单词或词组；如果能力适中，可以尝试背诵一些重要的句子或段落；对于英语能力较强者，可以选择整篇课文或对话进行背诵。

背诵并非死记硬背，而是在理解的基础上进行有效记忆。因此，评估自身能力并选择合适的背诵内容至关重要。此外，掌握科学的背诵方法也是关键所在。

树立正确的背诵观念。简单机械地背诵容易让人疲惫不堪，甚至产生抵触情绪，影响学习积极性。在理解的基础上，运用联想等趣味方法进行背诵，可以有效提高学习效率。

扫除语音障碍。在学习背诵之前，应对背诵材料中的生词和不确定的发音进行确认。可以通过教师朗读或录音的方式进行校正，同时关注语调和节奏感。

以关键词为线索。学习者在背诵时，不应把整个篇章作为背诵单位，而应将篇章分解为段落，段落分解为句子，句子分解为短语。以关键词为单位进行背诵，可以保证句子通顺，句义完整。

背诵是提高语言输入的最佳途径。长期坚持背诵，能够增强语感，显著提升口语表达能力。同时，学习者应根据自身能力选择合适的背诵内容，通过不断努力，使自己能够在英语学习中取得长足的进步。

（三）积累

在英语口语学习中，学习者需要意识到，仅仅依赖口语教材是远远不够的。教材固然提供了丰富的语言知识和实用的表达方式，但要想真正掌握地道的英语口语，学习者需要在日常生活中主动去观察和积累英语国家人们常用的表达方式和表达习惯。

学习者应该培养观察的能力。这并不意味着一定要去英语国家，实际上，在我们国家的日常生活中，也有很多英语使用频率较高的场景。例如，在餐馆、商场、电影院等公共场所，英语标识和提示语随处可见。这些英语标识和提示语正是英语国家人们日常生活中常用的表达方式。学习者在遇到这些表达时，可以停下来思考一下，了解其背后的含义和用法，从而在日常生活中积累地道的英语表达。

学习者应该培养记录的习惯。当学习者在阅读名人文章、报纸、期刊等英文资料时，遇到一些优美的句子、短文，不妨拿出笔记本记录下来。这些句子和短文不仅可以作为口语表达的素材，还可以作为写作的参考。记录的过程本身就是一种学习，而将这些朗朗上口的句子积累下来，就能在潜移默化中提高自己的英语口语水平。

学习者需要将积累的句子运用到实际生活中。背单词、背句子并不是英语学习的目的，真正的目的是要将这些语言素材运用到实际交流中。学习者在遇到合适的场合时，可以尝试将这些句子运用到自己的口语表达中。这样一来，这些句子就不是死记硬背的知识，而是活学活用的技能。

在英语口语学习中，学习者需要在观察、记录和运用三个方面下功夫。只有通过不断地观察、积累和实际运用，才能真正提高自己的英语口语水平。在这个过程中，学习者会发现自己更加热爱英语学习。

第三节　应用语言学指导下的英语阅读教学

一、阅读教学

（一）阅读兴趣

兴趣在教育活动中的重要性毋庸置疑，早在19世纪初，著名教育家赫伯特（Herbart）就提出教学的导向性目标之一是发展兴趣。他认为兴趣能够在人们对事物进行正确、全面认知时起到重要作用，它能够将习得的知识维持更长时间，同时能够激发人们进行更深远的学习活动。随后，杜威（Dewey，1913）在其撰写的《教育中的兴趣和努力》一书中提出以兴趣为基础的学习的结果与仅仅以努力为基础的学习的结果有质的不同。但此后无论在教育心理学领域还是其他领域，兴趣的相关研究均没有得到过多的关注。直至20世纪80年代，西方研究者逐渐意识到兴趣在学习中的重要作用，对其本质以及对学习的作用影响展开了探讨和研究，并尝试对其进行合理且科学的定义和理论解释。

20世纪90年代起，我国研究者也开始关注并认可了兴趣在学习中的重要影响力，但对其在教学实践中的实验研究和深入的理论探讨仍较为稀少。总体而言，中西方许多学者尝试对学习兴趣的内涵和定义进行界定，但目前仍缺乏较为统一的学习兴趣概念。

就目前而言，学界普遍认可西方学者海德（Hidi）对于兴趣概念的二分法，即个人兴趣、情境兴趣。一般认为个人兴趣是一种不断发展的、相对稳定的心理特点，它和增长的知识、价值和积极的情绪相联系，是由内部激活的；而情境兴趣是对环境输入的一种反应，它的产生和激活依赖于当前环境里的某些条件和刺激，是自发产生并很快消退的。依据上述对兴趣的概念界定可知，个人兴趣相较情境兴趣而言，更为持久和稳定。海德认为个人兴趣和情境兴趣是能够同时发生和互相转换的，情境兴趣在特定条件下能够发展成相对持久的个人兴趣。因此，他认为兴趣是个体的个人兴趣与有趣的环境特征相互作用而产生的心理状态。

我国学者章凯（1996）基于西方学者对兴趣的相关研究和理论解释，对兴趣的概念进行界定。他认为兴趣是个体在与环境相互作用中渴求并获得信息，以促进心理目标形成、演化和发展的心理过程。

米切尔（Mitchell，1993）对情境兴趣进行了分类。他通过在中学生数学课堂上进行有关数学学习兴趣的实证调查研究和分析后，提出了情境兴趣的二维理论模型：他将情境兴趣分为两个维度，即激发性情境兴趣和维持性情境兴趣，其中对激发性情境兴趣的引发因素为"小组学习""计算机""智力谜题"，对维持性情境兴趣的引发因素为"意义性"和"自我卷入"。米切尔指出"小组学习"通过给学生提供相互交流的机会来激发学生学习兴趣；"计算机"和"智力谜题"通过较为新奇且打破传统的教学工具和教学模式来激起学生的兴趣。"意义性"是指学生认为在体验式英语阅读课上所学的知识是"有意义知识"，当学生认为所学知识是有价值的时候，就会产生学习动力来维持其学习兴趣。"自我卷入"是指学生主动参与学习过程的程度，自主地参与有助于兴趣的维持。

海德等人将其原先构建的兴趣发展四阶段模型与米切尔所建的情境兴趣二维理论模型进行融合，形成新的有关兴趣发展的四阶段理论模型，如图7-1所示。该模型包括兴趣发展和转化的四个阶段，即激发性情境兴趣、维持性情境兴趣、最初的个体兴趣和稳定的个体兴趣。其中，激发性情境兴趣指的是一种来自情感和认知加工过程的短暂改变的心理状态；维持性情境兴趣由激发性情境兴趣转化而来，其产生因素在于高度并持久地集中注意力参与某一特定知识内容的心理状态；最初的个体兴趣是对某些特定情境中反复出现和参与的学习内容进行相对持久的探索和获取而产生的，它通常伴随着积极情感、价值量和知识量的积累；稳定的个体兴趣是在最初的个体兴趣的基础上进一步对知识和积极情感进行积累，并对上述学习内容进行更长时间的探索和获取。

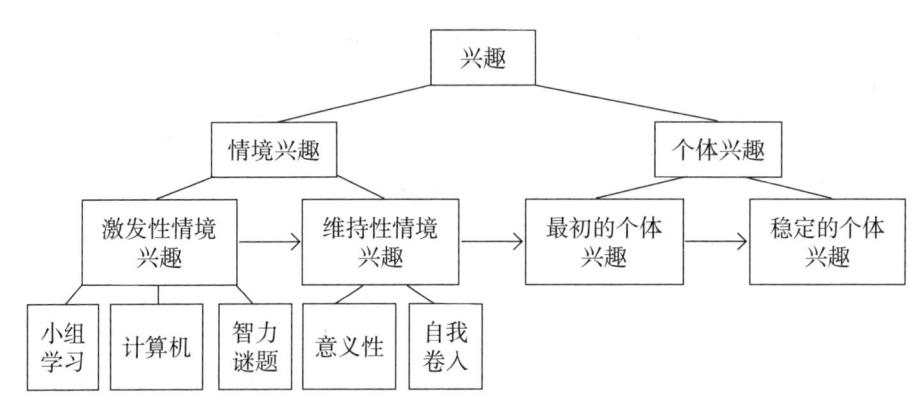

图7-1　海德等人（2006）兴趣发展四阶段理论模型

通过对上述兴趣四阶段理论模型中的要素探讨和分析，将激发性情境兴趣看作即时阅读兴趣，维持性情境兴趣看作延时阅读兴趣。

第一，在该理论模型的第二层次中，从激发性情境兴趣逐渐发展为稳定的个体兴趣的过程，实际上是本研究中英语阅读即时兴趣向英语阅读延时兴趣的发展。

第二，研究者认为模型第三层次中的五要素与体验式外语教学"4E理论"中的"参与""愉悦""共鸣"和"环境"四个要素关系密切："小组学习"的形式能够帮助学生更为积极地"参与"体验式教学活动；"计算机"和"智力谜题"能够作为体验式教学过程中的多媒体教学工具和有趣教学方式来吸引学生的注意力，从而使学生在轻松愉悦的教学"环境"中获得更为"愉悦"的情绪体验；进而，"意义性"情境兴趣因素让学生对阅读内容的学习更有动力，使学生能够全身心地投入学习过程，从而与学习材料和内容产生"共鸣"，获得语言能力和阅读能力的成功；这种成功的体验感能够使学生再一次主动参与到下一阶段的学习环节中，从而实现学生的"自我卷入"。

因此，将模型原有的第三层次的五个要素改编总结为以下四个维度，即教学生动性维度、情感体验维度、意义认识维度和自主参与维度，并通过上述四个维度探讨和分析体验式阅读教学对学习者阅读兴趣的影响。调整后的模型如图7-2所示。

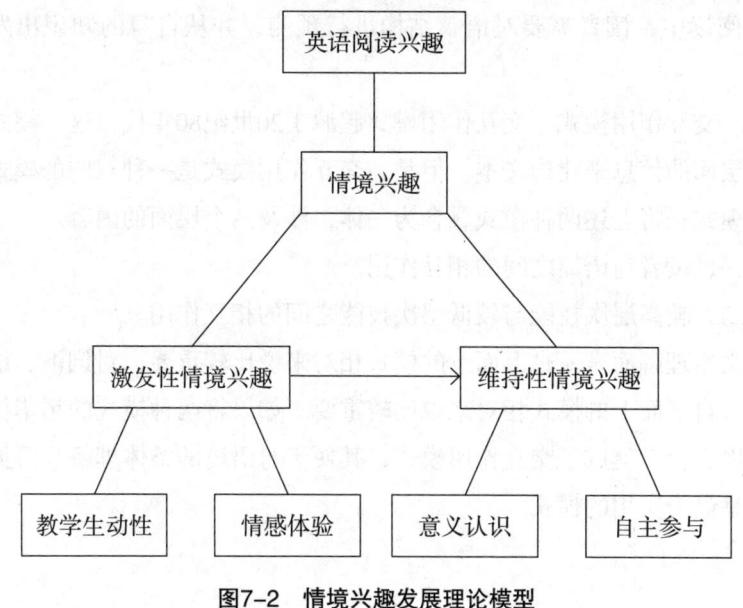

```
                    ┌──────────────┐
                    │  英语阅读兴趣  │
                    └──────┬───────┘
                           │
                    ┌──────┴───────┐
                    │   情境兴趣    │
                    └──────┬───────┘
                    ┌──────┴───────┐
         ┌──────────┴──┐      ┌────┴─────────┐
         │ 激发性情境兴趣 │─────→│ 维持性情境兴趣 │
         └──┬────────┬─┘      └──┬────────┬──┘
    ┌───────┘    ┌───┘            └───┐    └────────┐
 ┌──┴────┐   ┌───┴────┐          ┌────┴───┐    ┌────┴───┐
 │教学生动性│   │ 情感体验 │          │ 意义认识 │    │ 自主参与 │
 └───────┘   └────────┘          └────────┘    └────────┘
```

图7-2　情境兴趣发展理论模型

（二）阅读模式

阅读要遵循一些基本的模式，具体包含如下几种模式。

（1）自下而上模式。自下而上模式起源于19世纪中期，是一种较为传统的阅读模式。所谓自下而上，即从低级的单位向高级的单位加工的过程，低级的单位即基本的字母单位，高级的单位如词、句、语义等，从对文字符号的书写转向对意义的理解的过程。也就是说，自下而上的阅读模式是从对字母的理解转向对文本意义的理解。显然，这一过程是有层次、有组织的。因此，读者要想对语篇有所理解，就必须从基本的字母入手，理解某个词的意思，进而理解句子、语篇的意义。

（2）自上而下模式。自上而下的模式与自下而上的模式正好是相反的，产生于20世纪60年代，是读者基于自己的知识结构，通过预测、检验等手段对阅读材料进行加工理解的过程。自上而下的阅读模式是以读者为中心，侧重于读者自身的背景知识、自身的兴趣对阅读产生的影响。阅读可以被视作一种猜字游戏，读者运用自身固有的知识结构，减少对字母等的约束和依赖。在阅读中，读者需要对语篇结构进行预测，并从自身的知识出发理解语篇。

（3）交互作用模式。交互作用模式起源于20世纪80年代，这一模式即运用各个层面的信息来建构文本。但是，交互作用模式是一种双向的模式。交互作用模式是将上述两种模式融合为一体，涉及两个层面的内容。

第一，读者与语篇之间的相互作用。

第二，较高层次技能与较低层次技能之间的相互作用。

就文本理解而言，自上而下的模式相对来说比较重要；对词汇、语法结构而言，自下而上的模式相对来说比较重要。如果将两种模式的精华提取出来并加以综合，就成了交互作用模式，其便于对语篇的整体理解。可见，这一模式是最为实用的模式。

二、应用语言学指导下英语阅读教学的原则

（一）问题导向原则

明确阅读主体和阅读客体之间的关系，在阅读策略教学中，明确阅读策略的目的和阅读内容的目的，学习者能够根据具体的目的阅读文本材料，找到答案。在正式阅读材料前，教师将会告诉学习者本节课所要学习的阅读策略以及需要用到阅读策略解决的问题。学习者能根据明确的任务要求，通过具体的文本，解决阅读问题。

（二）整体规划原则

阅读策略教学和阅读内容要遵循整体规划原则，即将阅读策略融入阅读教学，以较快的速度根据相契合的内容将阅读策略教给学生。每篇阅读主要有3个阅读策略的教学，根据每单元具体阅读内容，有针对性地将阅读策略教授给学习者。此外，还需复习上一节课所学过的阅读策略。

(三) 迁移性原则

阅读策略本身具有传授方法、价值和意义等作用，教师在此过程中需要给予学习者充分的指导，促进学习者阅读策略的迁移和拓展运用。在本研究中，将阅读策略和每单元的教学内容融合之后，学习者还需将阅读策略运用在新的文本中解决问题。

三、应用语言学指导下英语阅读教学的策略

(一) 翻转课堂英语阅读教学

这种新型的教学模式是随着互联网及信息技术的发展而产生的。翻转课堂不同于传统课堂，通过学生课前在家观看微视频和相关资源，完成课前自主学习任务，从而学习单元课时的知识点，而课堂则成为师生之间合作交流、答疑解惑的平台。翻转课堂能够有效提高学生知识内化效果，提升学生灵活运用知识的能力，极大地提升教学效果。

1.利用数字化教学资源，实现信息化教学与常规教学的融合互鉴

为深入实施教育数字化战略行动，国家以及社会层面都推出了很多精品化的中小学共享课程。教师可以将这些数字化教学资源利用起来，发掘其优势价值，给常规教学增势添力。这既是迎合教育信息化的要求，也是给常规教学锦上添花。

2.结合多种学习方式，循序渐进提升学生的阅读理解能力

在课前自主学习过程中，学生通过观看教学视频以及完成活动单达成整体理解阅读文章的目标，为课中阶段通过合作学习来完成任务，深入理解文章打下良好基础。课后的交互学习则是通过读写结合的方式再次进行阅读理解能力强化训练。这种分阶段的不同学习方式指向一方面能比较好地激发学生的学习动机，另一方面也能通过不同阶段的任务活动从不同角度锻炼学生的主旨概括能力、词义猜测能力、推理判断能力以及细节提取能力，实现细

化训练和综合训练的结合，达到循序渐进提升学生阅读理解能力的目的。

3.听取反馈意见，优化任务设置和提升学生的阅读动机

任务型教学当中，任务的设计是关键。教师除了要深入分析教材和学情，进行合理的教学设计，遵循基本的任务型教学原则之外，还要注意任务型教学是强调以学习者为中心的，所以听取学生的意见很重要。在本研究进行的五轮实验之中，每轮实验的准备活动单均是先草拟一份提纲，然后再根据学生的反馈情况适当调整，课中以及课后的环节也同样如此。而且课后的教学评价意见还给了学生话语权，学生所提供的有价值的意见既能让教师完善教学环节，优化任务设置，又能让"学生的声音"被听到，这对他们的阅读动机也是极大的鼓舞。

（二）主题式英语阅读教学模式

主题式教学模式有其自身的优势，但同时也存在一些不足，需要在不断的实践过程中进行完善和发展。针对主题式教学模式应用于中国文化教学方面的局限性，结合教学反思，笔者分别从教师的角度和教学的角度提出有效的建议，希望能对今后的英语教学提供些许帮助。

1.教师方面

从教师的角度来说，在主题式教学的过程中，有些课堂活动环节时间和进度不易把握，这就对教师的教学能力提出了要求。教师需要对课堂有较强的掌控力，每个活动的时间不宜过长，在确保学生玩得尽兴的同时也要保证英语课堂能够按计划进行，对于学生十分喜欢的一些活动而课堂时长又不够的情况，可以鼓励学生课下去完成。

有时由于教师的语速较快而学生对英语的掌握不够，学生们并不能及时跟上教师的进度，教师可以在课前结合主题内容进行有针对性的中文知识储备，在学生无法理解较为复杂的英语时替换成简单的英语，并用中文将复杂释义再解释给学生，便于学生掌握，还可以在课堂上多使用肢体、面部表情等语言表达，让学生更直观地了解教师表达的含义，或者由了解该词的学生向其他同学解释词义，既克服了师生间交际的障碍，又锻炼了学生的英语表达能力。同时，教师也要努力提升自身的文化知识能力，这样才能有条不紊

地开展主题式文化教学工作，以应对学生提出的各种各样的问题，教师如果含糊不清地解答，会使学生更加困扰，从而打击他们的英语学习积极性。中国文化的学习不仅仅是文化知识和文化技能的教学，更是文化观念的传递，因此教师在进行中国传统文化的主题式教学时，例如生肖文化，应充分查阅资料，在了解中外之间的生肖和星座差异之后选取最具代表性的部分进行对比分析，在差异的基础上进行对比教学。

2. 教学方面

从教学的角度来说，主题式教学的课程内容与课堂管理也不容忽视。

一方面是主题式文化教学要控制好语言点的数量，并注意语言和文化知识的操练与应用程度。教师在进行主题式文化教学设计时，不宜设计太多的新知识点，在英语课堂中，每节课能够教授的内容十分有限，因此教师在英语课堂中要注重教学目标的完成度，根据知识点的重要性进行不同程度的讲解和练习，对于主题式教学中的重要部分精讲多练，而对于相对次要甚至是扩展部分的内容让学生了解即可，平衡语言训练与教学活动的关系，减轻学生的英语学习负担。同时，教师在文化教学的过程中也要注重加强学生听写能力的训练，充分考虑并适当设计一些能够提高学生听力和书写方面能力的主题活动，培养学生成为听说读写全方面发展的人才。

另一方面是教师在进行主题课堂活动时，对于活动的时间也应该控制得当，确保能够在课时内完成，避免因在某一环节停留太久导致课堂时间内完成不了整体的教学计划。这就要求教师能够全面地掌控课堂，建立明确的课堂规范和严格的奖惩制度，确保教学活动的顺利进行。

在主题式课堂管理过程中，教师在给学生充分空间进行发挥的同时，也要控制好课堂秩序。另外，重视文化体验与教学内容的关联，注重针对性、实际性与趣味性的结合，也是英语教学中不可缺少的一部分。教师在教学过程中可以通过对比不同文化之间的差异让学生切身感受到跨文化学习，多思考、多讨论，在不同文化的相互碰撞中加深对主题课程内容的学习。

第四节　应用语言学指导下的英语写作教学

一、写作教学

写作是作家以文字为基本载体，记录自身对万物的观点和理解的过程，写作可以有效促进人与人之间的沟通。对于英语写作，学者们有着不同见解，但本质上相似，又略有差异。

王初明（2018）认为写作质量体现在长度、内容、语言表达和结构方面。从内容、语言运用和结构差异中，可以充分看出学习者的英语写作能力。

王初明提到写作体现学习者的综合性思维能力，语言运用能力可以通过写作体现。写作反映学生对所学知识的理解情况、语言思维和逻辑能力，学生情绪与写作成绩二者相互影响。[①]

不同专家对英语写作有着不同的定义，但基本都认为写作水平主要是从内容、语言运用和结构上来体现，而写作成绩是衡量学生英语写作水平的重要指标，所以教师应对学生进行系统、高效的英语写作教学，在日常教学中，更应该重视学生英语写作能力（内容、语言运用、结构）的培养，从而提高学生英语综合能力。

二、应用语言学指导下英语写作教学的原则

（一）脚手架原则

教师要针对学生的英语水平、课时安排、教学目标等情况，考虑自己所

[①] 王初明.我国应用语言学研究在解决问题中前行[J].外语教学与研究，2018，50（6）：813-816.

设计的任务在正式的课堂教学中是否有操作的可能性，要尽量避免环节过多、规则过于复杂的任务。在必要时，教师要为学生提供完成任务所必需的材料或模板。尽管有些课堂任务并不一定都要使用或依据这样的材料，但在前期的任务设计中，教师需要准备和提供必备的材料，使学生在完成任务时更具操作性。

（二）趣味性原则

在课堂教学中趣味性也是需要关注的重点。一些有趣的课堂活动会引起学习者的兴趣，使他们喜欢并且主动地参与讨论或者课堂活动。一些反复进行操练的任务可能会使学生失去兴趣。因此，在设计每一课的任务时，教师需要考虑任务的趣味性。如课堂上的任务和练习可以采取机械性和非机械性任务、有意义的练习等不同的方式，交流互动不一定是师生间的也可以是学生之间的。关于任务的汇报可以是个人分享，也可以选择小组汇报等方式。

（三）参与性原则

在教学过程中，师生要实实在在地参与其中，如果以旁观者的心态和行为方式来进入课堂，写作教学就失去了存在的意义。在写作教学中，教师与学生各自承担了更多的教与学的责任。教师需要根据教学目标选择合适的写作项目，在没有现成的写作项目时，教师需要自己编撰并选择合适的时机去呈现。这个过程中，教师担负的教学责任就比较多。学生在写作学习中，需要针对写作案例来积极思考，参与讨论活动，寻找解决方案，此时，学生作为参与主体，贡献自己的智慧，承担自己学习的责任。

（四）启发性原则

根据建构主义理论，学习者是在教育者的帮助引导下主动地建构知识。写作教学通过写作案例呈现、分析交流来达到掌握知识、培养能力的目的。在其中，案例扮演的就是具有启发性的工具的角色，在一定程度上能够为学生解决现实生活中的事务提供一定的启发。

（五）适应性原则

写作教学中所使用的案例需要根据教学目标来进行调整。过于简单的案例，会使学生不屑于作课前准备，失去参与课堂的热情；过于复杂的问题，会使学生产生挫败感，失去学习的信心。教师选择的案例要适应学生的理解能力和学习习惯。案例中无可避免会涉及写作的理论知识，如果理论知识过于抽象，学生会难以理解。如果过于口语化，又使得案例变成了单纯的故事而使理论知识没有展现的空间。因此，教师应根据学生的学习习惯进行恰当的学习指导来确保写作教学的顺利实施。

三、应用语言学指导下英语写作教学的策略

（一）多模态英语写作教学

多模态教学（Multi-Modeling）是 1994 年由新伦敦小组（由美国、日本和澳大利亚的教育学家组成）提出的教学理论。他们认为语言学习不仅仅是文字符号在个体大脑内刺激与反应的联结过程，而是多种符号共同作用的结果。多模态教学模式是一种利用多种媒介，调动各种感官，实现学习者能力培养的教学模式。多模态教学模式是在考虑教学目标的前提下，合理利用各种感官、各种模式为师生营造一种和谐、愉快、民主的课堂学习氛围，在调动各种感官的基础上发展学习者听说、读、写、译等各项语言技能。在实际教学过程中，教师在制定教学任务时还要考虑教学设计的四项原则，保证教学效果的最优化。

（1）注意结合多种教学方法

由于模态选择的多样性和灵活性，多模态教学相比以往教学法具有较大的自由度和可变通性。由于一种固定的教学方法或模态无法达到所有的教学

目的，所以之前诸如结果教学法、过程教学法、体裁教学法等众多教学法都逃不过到达巅峰又逐渐衰退的命运。而且固定的教学方法容易给学生带来审美疲劳，固定的套路、固定的策略很难带给学生新鲜感和趣味性。多模态教学能够根据教学目标、内容、对象等选择合适的教学方法（情境教学法、暗示法、故事法、任务驱动法、训练输出法）和模态组合灵活完成教学任务，避免呆板的课堂形式让学生丧失学习的兴趣。如课堂引入环节，完成介绍节日的写作任务时，教师可以播放节日视频结合图片进行情境教学；完成介绍家人的写作任务时，教师可以先通过故事法激发学生的学习兴趣，之后用PPT展示写作主题。每一节课都有不同的引入方式，有利于激发学生的学习兴趣。另外，模态使用并不是越多越好，在PPT中添加太多的图片、播放太多视频容易分散学生注意力，使学生对知识的理解只停留在表象，缺乏实际的运用。结合多种教学方法可以训练学生的实际运用能力，在实际运用的过程中不仅有助于牢牢记忆写作相关的单词和句子，也能够训练学生的逻辑思维能力，培养学生掌握正确的写作思路。

（2）合理规划课堂内容，注意把握课堂节奏

教师是进行多模态教学的指导者，要鼓励学生调动各个感官，积极参与到课堂活动中来。单调的教学活动很难吸引学生的注意力，也就无法调动多重感官。所以在教学过程中要设置丰富的教学活动，引入丰富的模态组合，同时还要将二者相结合，避免学生对知识的理解仅仅停留在模态表面。课前教师需要明确课堂设置的各个环节，如游戏设置的内容、流程、时间，小组讨论的内容、方式、结果，课堂引入环节需要的素材、方法和效果等都要考虑周全，避免出现脱节或混乱的局面。同时还要设计好备选方案和突发事件应急方案，确保课堂教学有条不紊地进行。

（3）线上线下相结合

随着信息技术的发展，多媒体技术的运用，课堂教学也应与时俱进，呈现出信息化、现代化、多媒体化和创新化的格局。多模态教学应该充分利用信息技术，促进线上教学与线下教学的充分融合，丰富学生学习形式的同时拓展学生的眼界，优化英语教学环境。教师可以利用课上时间通过PPT、板书等形式讲解写作中的重难点知识，配合自身表情动作吸引学生的注意力，还可以利用网络丰富教学活动，如下载网络课件、网络搜索相关问题、网络

在线批改和解答问题等，调动学生的积极性。课下学生可以通过合作交流或网络查询的形式巩固课上内容，修改作文错误，并通过网络批改进行自我反馈，修改完成后上传网络交给老师点评。教师发布优秀作品供学生品读，学生总结错误问题并进行修正，通过线上线下相结合的方式，学生的写作学习可以形成一个完美的闭环。

（4）设计情景化教学任务

教师在设计教学活动时，要注意背景知识的输入和生活实际的联系，使学生内化所学知识，在熟悉的语境中促进学生学习能力的提高，培养学生实际运用能力。脱离语言文本和实际环境的讲述会使教学任务晦涩难懂，学生难以理解导致兴趣匮乏和成绩不理想，所以教学要与实际相结合，如教师讲授中国传统文化时，可以展示相关图片，引导学生猜测具体节日并讲述节日意义；教师还可以以当前社会热点问题为背景组织学生进行辩论赛或脱口秀表演，以学生喜闻乐见的方式培养学生逻辑思维能力和写作语言表达能力。

（二）混合式英语写作教学

基于"混合式学习模型"，在行动研究中不断进行反思完善，并依据教师日志、学生日志、访谈等质性数据对课前、课中、课后的教学步骤进行梳理细化，探究混合式学习在教学的各个阶段的具体流程。

（1）课前准备

在"混合式学习模型"的基础上，根据行动实践使课前准备更加贴合大学英语写作教学实际，细化为三个步骤（图7-3）：首先，教师需明确本次混合式教学的学习目标，依据学习目标设计线上教学，并制作学习视频上传至学习平台，之后向学生发布写作任务，鼓励学生利用丰富的互联网资源搜集和获取所需信息。其次，学生登录学习平台进行线上自主学习，学生需要依据学习资料完成教师布置的写作任务，之后进行自我评价和反思，同时发现学习过程中的疑难进行记录并反馈。最后，教师检查学生反馈和课前完成的写作任务，发现学生可能存在的共性问题，进行有针对性的教学设计，做好线下课程的准备。

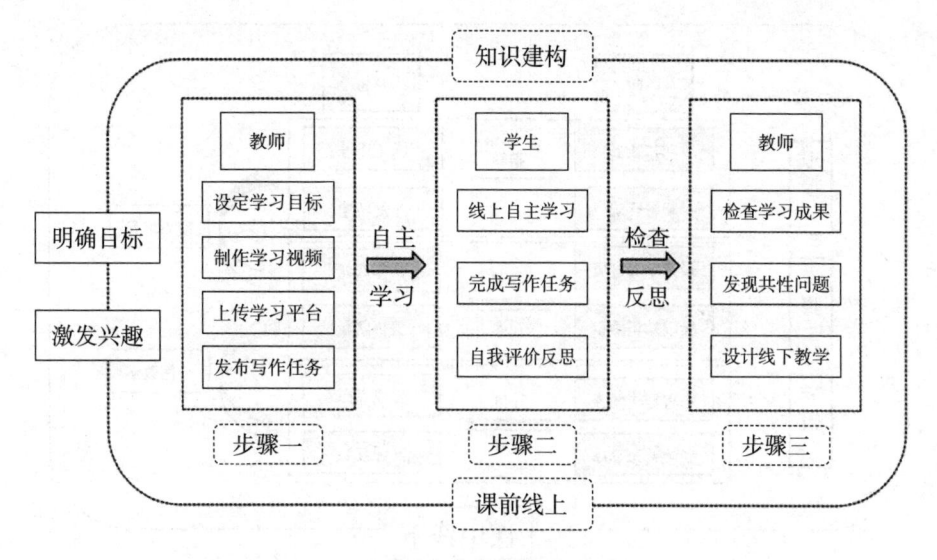

第七章 应用语言学指导下的英语技能教学研究

图7-3 课前线上学习

这一阶段属于浅层学习，学生通过线上自主学习，使知识结构得到初步的建构，同时，学生利用丰富的互联网资源可以实现知识的积累，激发学习兴趣，为线下课的学习做好准备。

（2）课中环节

课中线下学习环节是混合式学习的核心环节，该环节通过师与生的合作实现学生的能力培养和个性化的学习体验。

在线下的教学环节中（图7-4），首先，教师依据课前学生的线上学习反馈对学生的疑难进行解答，搭建新旧知识沟通的桥梁，唤醒学生已有的图式，使学生更加容易接受新的知识。其次，教师通过设置学习情境，使学生在情境中通过合作学习、探究学习完成教师布置的活动，通过整合创新实现学习能力的培养，使学生得到个性化的学习体验。最后，教师引导学生对课前学习目标进行深入探讨和总结，形成写作成果，完成知识建构，并鼓励学生进行互评互鉴，学生在师生、生生交流中进行知识的升华。课中环节之所以如此重要，是因为它能沟通线上和线下，对于学生知识的学习起着承上启下的作用，同时也是学生能力提升的关键阶段。学生通过和教师面对面的交流一方面能够及时解答疑难，促进知识迁移；另一方面项目式学习、合作学习等多种形式的学习活动，能够培养学生解决实际问题的能力。

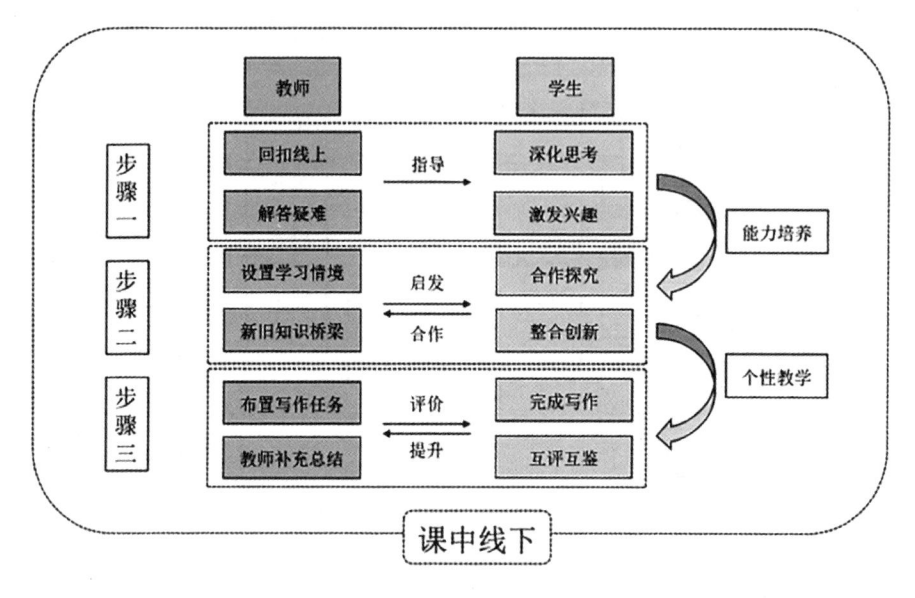

图7-4　课中线下学习

（3）课后提升

课后环节是师生、生生进一步交流学习成果，对学习成果进行反思、巩固和提升的环节。在这一环节中，学习者可以使用各种反馈如自评表、总结表等对自己的学习成果进行反思，发现不足后，对学习成果进行完善，以期通过对所学知识的迁移创新提高自己解决实际问题的能力。

这一环节是对课中环节的有效补充，通过课后的反思和总结，学生能够对课堂上的写作成果进行查漏补缺，完善对知识的建构，进一步提高自己的知识应用能力（图7-5）。

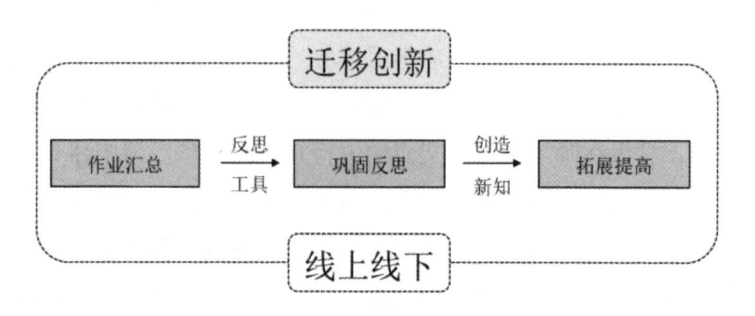

图7-5　课后线上线下

综上，结合行动研究实践和质性数据，对混合式学习"课前—课中—课后"的三段式学习模式中每一环节作了具体阐述，明确了流程和步骤，为教师在大学英语写作中应用混合式学习模式提供了有效抓手。

第五节　应用语言学指导下的英语翻译教学

一、翻译教学

翻译理论与实践相结合构成的一个重要领域就是翻译教学。在研究翻译的过程中，翻译教学是一个不可忽视的内容。要想提高翻译教学的水平，首先必须对翻译教学展开深入探究。对翻译教学实践发展起着决定性作用的就是对翻译教学理论的探究。因此，随着社会对翻译人才需求的大幅度增加，对于翻译教学的相关探究就显得极为重要。

近些年的研究有了一些新的突破。罗选民（2022）认为，学者对教学翻译与翻译教学的阐述有利于对概念的澄清，但翻译教学的概念要重新界定。他认为，翻译教学是由"大学翻译教学"与"专业翻译教学"组成的，将原来公认的教学翻译也纳入了翻译教学的范畴，扩大了翻译教学的范围。

根据欧洲笔译硕士（EMT）项目的《翻译职业能力框架》、英国的《笔译职业国家标准（2007）》、中国国家标准《翻译服务规范》、中国翻译协会的《口笔译人员基本能力要求》所提出的职业翻译人员的能力标准分数，我们可以得知翻译服务市场对职业翻译人员的知识、能力、素质要求。而负责培养翻译的院校必须以翻译服务市场的要求为依据，制定出针对性的翻译教学目标，开发出适宜的翻译教学课程，以应对市场需求。

二、应用语言学指导下英语翻译教学的原则

（一）循序渐进原则

翻译能力的提升并非一蹴而就，而是需要经历一个持续不断的过程。与此相应，翻译教学也不能急于求成，而应遵循由简入繁、循序渐进的教学原则。在选择翻译练习的语篇时，应尽量遵循从易到难的顺序，逐步引导学生提升翻译能力。

在具体的教学过程中，首先，从篇章内容来看，我们应该从学生最熟悉的话题入手，这样能够降低他们的理解难度，使他们更容易投入到翻译学习中。其次，从题材角度来看，我们应该选择学生最了解的领域，这样他们在翻译时能够更好地理解原文的含义，从而提高翻译的准确性。最后，从原文语言本身来看，我们应该从较浅显易懂的文本逐渐过渡到较复杂的文本，让学生在翻译过程中逐渐提高自己的语言驾驭能力。

通过这样的由浅入深、循序渐进的教学方法，学生们对翻译学习的信心会逐渐增强，学习兴趣也会逐步提高。同时，他们的翻译技能也会在这个过程中得到不断提升。总之，只有遵循正确的教学原则，才能帮助学生更好地掌握翻译能力，并在实践中不断提高自己的翻译水平。

在翻译教学中，教师还需要关注学生的个体差异，因材施教，针对不同学生的特点和需求进行有针对性的指导。此外，翻译教学还应注重理论与实践相结合，让学生在实际翻译操作中不断总结经验，提高自己的翻译技巧。最后，教师还需注重培养学生的跨文化交际能力，使他们能够在翻译过程中更好地理解和处理不同文化背景下的语言表达。

翻译教学是一个系统性强、层次分明、注重实践的过程。只有遵循由浅入深、循序渐进的教学原则，关注学生的个体差异，注重理论与实践相结合，培养学生的跨文化交际能力，才能帮助学生在翻译学习中取得更好的成果。

（二）实践性原则

翻译理论教师在培养优秀翻译人才方面面临着巨大的挑战。仅仅传授理论知识是远远不够的，学生还需要通过大量的实践练习来提高翻译能力。这就是翻译领域所强调的实践性原则。在翻译教学中，教师应充分重视实践环节，为学生创造更多实践机会，让他们在实际操作中不断提高自己。

为了让学生充分体验翻译实践，教师可以采取多种方式。例如，安排学生到翻译公司实习，让他们亲身参与各种翻译项目，了解翻译工作的实际情况。在实习过程中，学生可以将所学的理论知识与实际工作相结合，更好地认识翻译工作的特点和需求。此外，实习还能让学生接触到不同领域的专业知识，拓宽他们的知识面，为今后从事翻译工作打下坚实基础。

除了实习之外，教师还可以在校内组织翻译实践活动，如模拟翻译比赛、翻译研讨会等。这些活动可以帮助学生提高自己的翻译水平，增强团队合作意识，培养良好的职业素养。同时，教师还应关注学生的个体差异，因材施教，针对不同学生的特点和需求进行有针对性的指导。

总之，在翻译教学中，教师要充分重视实践性原则，想方设法为学生创造实践机会。通过实习、校内实践活动等多种途径，让学生在实际操作中提高翻译能力，从而培养出更多优秀的翻译人才。同时，教师也要关注学生的个性化发展，为他们的职业生涯提供有力支持。这样，我们的翻译人才培养体系才能更加完善，为我国翻译事业的发展贡献力量。

三、应用语言学指导下英语翻译教学的策略

（一）师生共同参与教学内容的选择

翻译教学在新时代背景下面临着新的挑战，我们需要重新审视教学内容，以确保其适应时代发展的需求。教师应积极利用各类资源，如CD光盘、

网络、新闻、视频影像等，丰富教学内容。在选择教学材料时，要注意其难度要适中，符合学生的现有水平，同时要充分考虑学生的兴趣。通过这种方式，教师可以为学生提供与教材相补充的资料，并引导学生参与翻译内容的选择和教学进程设计。

引导学生参与教学过程，不仅可以活跃课堂氛围，还能激发学生的学习积极性，提高课堂教学效率。在教学过程中，教师要关注学生的个体差异，因材施教，使每个学生都能在原有基础上取得进步。此外，教师还应不断反思自己的教学方法，根据实际情况调整教学策略，以实现翻译教学的最佳效果。

总之，在翻译教学中，教师应关注时代发展需求，以学生为中心，整合多种资源，引导学生积极参与，从而提高教学质量。通过这种方式，我们培养出的翻译人才将具备扎实的英语基础、高超的语言应用能力和全面的知识结构，能够适应各种翻译任务的需求。

（二）引进现代化信息技术对教学方式进行改革

根据现有信息化技术，我们可以基本实现以下几种教学新模式。

课堂教师示教模式：这种模式包括远程网络教学、教学视频在线展示的网络协同互动教学方式，以及翻译资料的全网共享、国外课堂示范等。这种方式突破了传统课堂的时空限制，使教师能够更好地传授知识，学生也能更方便地获取学习资源。

普及型课堂教学方式：这种模式以个性化、差异化教学为核心，通过信息技术的交互性、实时性，根据学生的不同性格、不同水平等因素进行差异化教学。这种方式有助于调动学生的积极性，满足他们的个性化需求，提高教学效果。

课堂分组讨论、练习：这是一种相互协作的学习模式，全体学生可以在线上参与讨论和练习。这种方式可以集思广益，让学生在团队合作中解决问题，既能提高学生的参与兴趣，又能培养他们的团队合作意识，营造良好的学习氛围。

数据云端建立完整的线上线下英语翻译教学资料数据库：这种方式可以

方便学生获取各类学习资料，提高教学资源的利用效率。同时，教师需要合理选择教材和音像材料，确保教学内容的丰富性和适用性。此外，及时更新课堂扩充性资料，为学生提供开放的学习平台。

未来目标：针对课堂真实度较低的角色会话和翻译练习，我们可以利用虚拟现实（VR）等先进技术，创造出真实度极高的翻译训练模式。通过虚拟空间模拟技术，为学生呈现出一个逼真的翻译练习环境，进一步提高他们的翻译能力。

总之，现代化信息技术的应用为英语翻译教学带来了诸多便利，有助于提高教学质量和学生的语言实际应用能力。在未来的教学中，我们应继续探索和创新，充分发挥信息技术的优势，为英语翻译教学提供更优质的服务。

第八章　应用语言学指导下的跨文化教学研究

随着文化全球化的快速发展，以及我国提出的"文化自信"发展理念，跨文化教学在英语教学中的重要作用日益凸显。基于应用语言学理论，英语教师需要充分调动学生学习跨文化知识的积极性，进而结合英语知识教学，提升学生运用英语展开交际的能力。本章就针对应用语言学指导下的跨文化教学展开研究。

第一节 文化与跨文化教学

一、文化

"文化"(culture)这一词语意味着什么呢？它有多种意义。例如，人们认为那些能读会写的人，那些懂得艺术、音乐和文学的人是"文化人"。不同人对文化的理解有不同方式，每一种方式都或多或少对我们理解某个过程、事件或关系有帮助。遇到陌生人时，第一个问题通常是："你来自哪里？"这主要是想了解这个人长大的地方或者是想知道这个人之前住在什么地方。我们下意识地认为在同一地方长大或生活的人说同样的语言，有很多相同的价值观，用相似的方式交流。换句话说，他们被认为具有相同的文化。有时我们甚至会认为文化是商品或产品，如玩具、食品、电影、视频和音乐，并且可以在国际上自由进出口。这些对"文化"印象式的理解不一而足。

实际上，在我国的古代文献中"文化"两个字是分开出现的，"文"的本来意思为各种颜色交错，"物相杂，故曰文"，"天文"指自然规律，"人文"指人伦社会规范；"化"的本意是改变、变化之意。《说文解字》将"化"释为"教行也"，即改变人类原始蒙昧状态以及进行各种教化活动。从汉代开始，"文"与"化"合并出现，"文化"与"武力"相对应，是动词，具有"文治教化"之意。近现代所讲述的文化，则为19世纪末日文转译过来的。英文单词"culture"，源于拉丁文动词"cultura"，含有耕种、居住、加工、留心、照料等多种意思。随着时间的推移，"culture"含义逐步深化，由对树木、作物等的培育引申为对人类心灵及情操的培养，从人类的生产活动，逐渐引向人类的精神领域。19世纪中叶以来，"文化"一词开始具有现代意义，并且随着人类学、社会学等人文学科的兴起，成了这些学科的重要术语。

（一）文化的定义

自从进入近代研究视野，"文化"这一概念在中外学术界不同学科领域曾出现上百种甚至更多的定义。美国描写语言学家爱德华·萨丕尔（Edward Sapir, 1921）定义文化为一个社会的行为和思想。理查德·本尼迪克特（Richard Benedict, 1930）认为真正把人们凝聚在一起的是他们的文化、共同的思想和标准。美国人类文化学家爱德华·霍尔（Edward T. Hall, 1959）提出："文化是人类的媒介。人类生活的方方面面都受到文化的影响和改变。这意味着人的个性、表达方式（包括情感的表现）、思考方式、行为方式、解决问题模式、所居住城市的规划和布局、交通系统的运行和调度，以及经济和行政系统如何组建和运行都受到文化的制约。"

人类学家克拉克洪（Clyde Kluckhohn, 1965）认为就文化而言，人类学意味着一个民族的整体生活方式，即个人从他的群体中获得的社会遗产，或者文化可以被看作是人类创造的环境的一部分。英国语言学家布朗（H. D. Brown, 1978）则这样看待：文化是生活在特定地理区域的人们或多或少共同拥有的信念、习惯、生活方式和行为的集合。

此外，柯恩（R. Kohls, 1979）认为文化是指特定人群的总体生活方式，它包括一群人想的、说的、做的和制造的一切。文化学家罗伯逊（I. Robertson, 1981）的观点是每个社会的文化都是独特的，包含了其他社会所没有的规范和价值观的组合。荷兰学者吉尔特·霍夫斯塔德（G. Hofstede）在2001年提到"我认为文化是将一个群体或一类人与另一个群体或一类人区分开来的思想上的集体程序。'思想'代表了头、心和手——思考、感觉和行动，以及对信念、态度和技能的影响。"

文化的定义多元化说明文化确实是一个庞大且不易把握的概念，虽然各有侧重，这些解读和界定都解释了文化的一个或几个层面。

（二）文化的分类

由于文化的多样性和复杂性，很难给文化下一个明确清晰的定义，对文化的分类也是众说纷纭、不尽相同。我们从一个侧面来看文化的分类，文化也可以理解为满足人类需求的一种特殊方式。所有人都有一定的基本需求，比如每个人都需要吃饭和交朋友等。心理学家亚伯拉罕·马斯洛（Abraham Maslow，1908—1970）认为，人都有五种基本需求：

第一，生理需求，这是我们赖以生存的基本需求，包括食物、水、空气、休息、衣服、住所以及一切维持生命所必需的东西，这些需求是第一位的。我们必须满足这些需求，否则就会死掉。

第二，安全需求，首先，我们得活下去，然后我们得保证安全。安全需求有两种，身体安全的需求和心理安全的需求，这就是为什么现在各种保险项目越来越受欢迎。

第三，归属感需求，一旦我们活着并且安全了，我们就会尝试去满足我们的社交需求。与他人在一起并被他人接受的需求，以及属于一个或多个群体的需求，例如，对陪伴的需要和对爱和情感的需要是普遍的。

第四，尊重需求，这些是对认可、尊重和声誉的需求，包括自尊，以及对他人的尊重。努力实现、完成和掌握人和事务，往往是为了获得他人对自己的尊重和关注。

第五，自我实现的需求，人的最高需要是实现自我，充分发挥自己的潜力，成为自己可能成为的人。很少有人能完全满足这种需求，部分原因是我们太忙于满足较低层次的需求。

根据马斯洛的理论，人们按上述的顺序满足这些需求。如果把这些需求从低到高比作金字塔的话，人们在攀登金字塔时总是先翻过第一步才能爬上第二层，通过第二层才能到达第三层，以此类推。尽管人类的基本需求是相同的，但世界各地的人们满足这些需求的方式各不相同。每种文化都为其人群提供了许多满足人类特定需求的选择。

人类需求的这五个层次，文化的分类在一定程度上也契合这几个层次。美国翻译理论家尤金·奈达（Eugene Nida）将文化分为生态文化、物质文化、社会文化、宗教文化和语言文化；英国学者彼得·纽马克（Peter Newmark）则把文化分为生态类、物质文化类、社会文化类、组织类、手势与习惯等几类。我国学者陈宏薇将文化分为三类，分别是物质文化、机构文化与精神文化。中外研究者根据不同的标准提出了自己对于文化的分类，既有共时、历时的分类，也有学科视角的分类，这几种分类方式均有可借鉴之处。

另一个形象的类比将文化比为冰山，认为每种不同的文化就像一个独立的巨大冰山，可以分为两部分：水平面以上的文化和水平面以下的文化。水平面以上的文化仅占整体文化的小部分，约十分之一，但它更可见，有形且易于随时间变化，因此更容易被人们注意到；水平面以下的文化是无形的，并且难以随时间变化。它占了整个文化的大部分，约十分之九，但要吸引人们的注意力并不容易。水平面以上的文化部分主要是实物及人们的显现行为，如食物、衣着、节日、面部表情等人们的说话习惯和生活方式，也包含文学作品、音乐、舞蹈等艺术的外在表现形式。水平面以下的文化包含信念、价值观、思维模式、规范与态度等，是构成人的行为的主体。尽管看不到水平面以下的部分，但它完全支撑了水平面以上的部分，并影响了整个人类的各个方面。

（三）文化的特征

文化是连贯的、可习得的、一个特定群体对于生活关切之事均认可的观点，这些观点决定事务的轻重缓急，处理问题恰当的态度，并支配人们的行为。这个定义包含了文化的三个特征及文化的三种作用。每一种文化，无论是过去的还是现在的，在自身内部都是连贯和完整的。

文化是一个社会共有的。社会成员对事物的意义和原因达成一致，和相互学习文化的所有人一道，包括家庭成员、老师、精神领袖、同龄人，以及法律、政治和教育机构的代表，解释生活经历，证实了他们自己的文化观点。由于他们对这种有效性深信不疑，都认为自己的解释是正确的。群体的动力来自共同的观点，这些观点是一种动态的力量，借此团体能够实现社会目标，例如，保护经济资源不受无良的外部势力的影响。特定文化中的人们共享该文化的符号，最明显的一组符号是语言。文化也共享视觉符号，如公司标志、图标、宗教图像和国旗等。

对一个群体极为重要的东西对另一个群体可能毫无意义。以财富积累为例，位于太平洋岛屿新几内亚的古鲁乌巴族文化要求富人花费他所有精心积累的财富——猪，来满足其他社会成员的奢侈娱乐，在这种情景下，散尽家财满足他人消费欲望是财富的真正意义，因为这意味着给予者心怀感恩，享有很高的威望。但是，美国、中国或意大利的商人却不能理解这一做法，他们一生都在积累财富，在他们的文化中，应该节约资源增加财富，而不是在一次大爆发中耗尽。当然，这些文化背景下的商人通常会对慈善事业作出贡献，但他们的文化教导他们要谨慎对待财富，并且要让财富增加。可见，文化会对重要性进行排序，换句话说，文化传授价值观或优先次序。价值观是态度的基础，同时塑造信念，使我们能够评估对自己重要的东西，或将标准应用于态度和信仰。价值观决定了人们在和另一种文化交流时是对抗还是合作，因而有必要了解在这种文化中起作用的价值观。既然价值观提供衡量事物价值的标准，它表明了一个相对的层级结构，即价值观就是文化优先权。例如，一种文化可能会高度重视诚实，而不太重视付出最少的努力。优先事项因文化而异，当你了解了人们的优先级，你就可以有信心地预测他们对特定情况的反应。

态度是后天习得的，它是一种倾向，对相同的物体、情况或想法做出相同的反应，态度是基于价值观对事物的感觉。人们的态度随着价值观的不同而不同。在墨西哥文化中，商业伙伴认为阿姨去世对家人来说很重要，老板应该理解员工因为葬礼和家庭需要而不能在最后期限前完成报告。

文化决定了人们如何表现自己。继续前面讨论的例子，在会议上简短地表达对失去亲人的工作伙伴的同情是英国人合适的做法，如果有较长的合作时间，英国人也会送去慰问卡。然而，在墨西哥，除了口头表达同情，工作伙伴还可能会参加葬礼，送花，提供服务，如接送家庭成员，并访问家庭以示尊重。

二、跨文化教学

跨文化教学是一种教育方法，旨在促进来自不同文化背景的学生在课堂上相互理解和交流。在当今全球化的背景下，跨文化教学变得越来越重要。下面将探讨跨文化教学的重要性和挑战。

（一）跨文化教学的重要性

1. 培养全球公民

随着全球化进程的不断加速，国际交流与合作日益增多，跨文化沟通能力变得至关重要。在这个多元化的世界中，不同国家和地区有着各自独特的文化背景，这就要求我们具备跨文化交际的能力，以便在各种场合中更好地沟通和交流。跨文化沟通能力不仅包括语言能力，还包括对不同文化背景下价值观、思维方式和行为规范的理解和尊重。

为了培养学生的跨文化沟通能力，我国教育部门也积极开展了跨文化教育的研究和实践。其中，跨文化教学被视为一种有效的手段。跨文化教学旨在通过对比和分析不同文化的特点，帮助学生了解和尊重各种文化的差异。在这种教学模式下，学生不仅能够学习到各种文化知识，还能够锻炼自己在多元文化环境中的适应和协调能力。

首先，跨文化教学使学生对不同文化背景下的价值观有了更深入的认识。了解不同文化的价值观有助于学生更好地理解和接纳他人，减少文化冲突和误解。例如，在商务场合，了解对方文化中的诚信、尊重和合作等价值观，有助于促进商务洽谈的成功。

其次，跨文化教学有助于学生掌握不同文化背景下的思维方式。思维方式是文化的重要组成部分，影响着人们的行为和决策。通过学习不同文化的思维方式，学生能够更好地适应多元化的社会环境，提高人际沟通能力。

最后，跨文化教学使学生了解不同文化背景下的行为规范。行为规范是社会秩序的重要保障，也是跨文化交际的基本准则。学生在学习过程中，应当遵循这些规范，以展示尊重和礼貌。

总之，跨文化教学对于培养学生的跨文化沟通能力具有重要意义。通过跨文化教学，学生能够更好地适应多元化的社会环境，为国际交流与合作打下坚实基础。在我国教育体系的不断完善和发展中，跨文化教育将发挥越来越重要的作用。让我们共同努力，为培养具有跨文化沟通能力的人才贡献力量。

2. 促进教育公平

跨文化教学是一种教育理念，它致力于尊重和包容各种不同的文化，旨在消除存在于我们社会中的文化偏见和歧视。在这个全球化的时代，我们的社会充满了各种不同的文化交融，而跨文化教学正是为了适应这一现状，促进教育的公平性和包容性。

首先，跨文化教学强调尊重和理解不同文化背景下的个体。这意味着教师需要跳出自己的文化视角，尊重学生的文化身份，了解他们的文化背景对学习行为和方式的影响。这种尊重不仅体现在对学生的关爱和鼓励，更体现在教师积极寻求适合学生的教学方法和策略。

其次，跨文化教学倡导包容不同文化。在教育过程中，教师要尊重和接纳学生的文化差异，避免因文化差异而导致的学生排斥和歧视。教师需要具备跨文化沟通能力，以便在课堂上创建一个安全、舒适的学习环境，让每个学生都能在这种环境中充分发挥自己的潜能。

再者，跨文化教学关注多元文化背景下的教育需求。这意味着教师要关注学生的多元文化素养，培养他们在多元文化环境中生存和发展的能力。为此，教师需要设计多样化的教学内容和活动，以满足不同文化背景学生的需求，让他们都能在这种教学方式中受益。

最后，跨文化教学旨在为学生提供平等的学习机会。教师要关注每个学生的个体差异，了解他们的需求和潜能，以便提供个性化的教育支持。这种平等不仅体现在教育资源分配上，更体现在教师对每个学生的关注和期望上。

总之，跨文化教学是一种以尊重、包容和关注多元文化为核心的教育理念。它旨在消除文化偏见和歧视，为每个学生提供平等的学习机会，让他们在充满尊重和包容的课堂环境中茁壮成长。在我国教育领域，跨文化教学的推广和实践对于提高教育质量、促进社会和谐具有重要意义。

3. 丰富教学内容

跨文化教学不仅能够拓宽学生的视野，还能够提升他们的跨文化沟通能力。在这种教学模式下，教师通过巧妙地将世界各地的文化元素融入课堂教学，使得学生在掌握专业知识的同时，了解和尊重不同文化背景下的价值观和习俗。这样的教学方法有助于培养具有国际视野和跨文化背景的人才，以适应全球化的发展趋势。

为了更好地实施跨文化教学，教师可以采取以下策略。

（1）教师应具备跨文化教育意识，认识到跨文化教学的重要性。这意味着教师需要不断更新教育观念，突破传统的教育模式，关注学生的跨文化素养培养。

（2）教师应提高自身的跨文化教育能力。这包括学习不同文化的知识，了解文化差异，以及掌握跨文化沟通的技巧。这样，教师才能在教学过程中引导学生正确地理解和处理文化差异，提高他们的跨文化沟通能力。

（3）教师应根据课程内容和学生的实际情况，设计具有针对性和实效性的教学活动。例如，通过对比分析不同文化背景下的现象，让学生认识到文化差异的存在，从而培养他们的文化包容性。同时，教师还可以组织跨文化交流活动，让学生亲身体验其他文化，增进其对不同文化的理解和尊重。

（4）教师还应注重跨文化教学的评价。评价不仅包括学生的学术成绩，还应关注他们的跨文化沟通能力、文化素养等方面的表现。通过合理地评价，教师可以更好地了解学生的需求，进一步优化教学策略。

总之，跨文化教学是一种富有挑战性和创新性的教学模式。通过运用多元文化资源，激发学生的学习兴趣，培养他们的跨文化沟通能力，教师可以助力学生更好地适应全球化背景。而要实现这一目标，教师需要不断增强自身的跨文化教育意识和能力，设计有针对性的教学活动，注重跨文化教学的评价，以培养出具有国际视野和跨文化背景的人才。

（二）跨文化教学的挑战

1. 教师素质

跨文化教学是一种具有挑战性和高度要求的教学模式。它要求教师在教学过程中，能够充分理解和尊重不同文化背景下的教育观念，从而更好地满足学生的需求，提高教学效果。在这个全球化的时代，跨文化教学显得尤为重要，因为它有助于培养具有国际视野和多元文化素养的人才。

（1）跨文化教学要求教师具备较高的跨文化素养。这意味着教师需要对各种文化背景有深入的了解，以便在教学过程中充分尊重和理解学生的文化特点。这种素养的培养需要教师不断学习、研究和实践，从而丰富自己的文化知识，提高跨文化沟通能力。

（2）跨文化教学要求教师在教学方法和策略上具备灵活性。由于不同文化背景下的学生具有不同的学习习惯和方式，教师需要根据学生的文化特点调整教学方法，使之更符合学生的需求。这要求教师具备较强的教学能力和敏锐的观察力，以便在教学过程中及时发现问题，采取合适的教学策略。

（3）跨文化教学要求教师具备较强的组织协调能力。在多元文化背景下，学生之间的沟通和互动可能存在一定的障碍。教师需要发挥组织协调的作用，促进学生之间的交流与合作，营造一个和谐、包容的学习氛围。此外，教师还需要关注学生的心理健康，帮助他们克服文化差异带来的困扰，提高他们的适应能力。

（4）跨文化教学要求教师具备不断反思和自我完善的能力。在教学过程中，教师需要时刻关注自己的教学表现，对照跨文化教学的要求，查找自己的不足之处，并进行改进。这不仅有助于提高教师的教学水平，还有利于培养学生的跨文化素养。

总之，跨文化教学对教师的要求较高。教师需要具备跨文化素养、灵活的教学方法和策略、组织协调能力以及自我完善的能力。通过不断提高自身素质，教师可以更好地应对跨文化教学的挑战，为培养具有国际视野和多元文化素养的人才贡献自己的力量。

2.课程设置

跨文化教学是一项富有挑战性的任务，它要求教育者在课程设计、教学方法以及评价体系等方面，充分考虑多元文化背景下的教育需求。为了满足这一需求，教育者们需要对现有课程进行调整，使之更具包容性和代表性。在这个过程中，如何平衡各种文化的代表性课程成了一个亟待解决的问题。

（1）在课程设置方面，教育者应充分了解学生所在的文化背景，以确保课程内容能够满足不同文化背景下的学习需求。这意味着教育者需要在课程中兼顾各种文化的代表性，使之既具有普遍性，又能体现特殊性。此外，教育者还应根据学生的文化背景调整教学方法，使之更加贴近学生的实际需求。

（2）在教学过程中，教育者需要关注文化差异对教学活动的影响。例如，在课堂讨论中，教育者应鼓励学生积极参与，充分表达自己的观点，同时尊重他人的意见。在这个过程中，教育者需引导学生学会在多元文化背景下进行有效沟通，培养他们的跨文化交际能力。

（3）教育者在评价学生学习成果时，也应充分考虑文化差异。评价体系应具有一定的灵活性，既能体现学生的共性，也能兼顾他们的个性。通过多元化的评价方式，教育者可以更好地了解学生的真实水平，为他们的成长提供有针对性的指导。

总之，在跨文化教学中，教育者应关注课程设置、教学方法和评价体系的多元文化特点，以满足不同文化背景下的教育需求。在这个过程中，如何平衡各种文化的代表性是一个亟待解决的问题。通过不断探索和实践，教育者有望为所有学生提供更加包容、更具代表性的教育环境，从而促进他们在多元文化背景下的全面发展。

3. 评价体系

跨文化教学是一种教育模式，它要求教师在教学过程中尊重和包容学生的文化差异，并充分利用这些差异来丰富教学内容。在这种教学模式下，评价体系必须具有高度的包容性和多样性，以满足来自不同文化背景的学生的需求。如何公平、客观地评价这些学生，无疑是一项极具挑战性的任务。

（1）包容性的评价体系应尊重每个学生的文化特性，避免将单一的文化标准强加给他们。这意味着教师需要对学生的文化背景有所了解，以便理解他们的价值观、信仰以及行为方式。在此基础上，教师应根据学生的实际情况调整教学方法和评价标准，使之更具针对性和合理性。

（2）多样性的评价体系应充分考虑学生在不同领域的特长和兴趣。这包括尊重他们的学术成就、艺术才能、体育特长等，并在此基础上提供多元化的评价指标。这样，学生才能在各个方面得到全面的发展，充分展现自己的潜能。然而，实现这一目标并非易事。教师需要在跨文化教学实践中不断摸索、学习，提高自己的跨文化素养和评价能力。此外，教育部门也应加强对跨文化教育的支持，制定相应的政策和措施，以促进评价体系的改革和完善。

（3）公平和客观的评价不仅要求教师具备跨文化意识，还要求他们具备敏锐的观察力、严谨的思维和公正的态度。在面对来自不同文化背景的学生时，教师应抛开偏见，以事实为依据，对学生的表现进行全面、客观的评价。

总之，跨文化教学要求评价体系具有包容性和多样性，以实现对来自不同文化背景的学生的公平、客观评价。这不仅有助于学生的全面发展，也有利于推动我国教育事业的进步。在实践中，教师和教育部门应共同努力，不断优化评价体系，迎接这一挑战。

第二节 应用语言学视域下英语跨文化教学的原则

一、实用性原则

在外国文化背景知识的选取上，我们需要充分考虑其与基础语言学习的契合度，确保内容的实用性。在进行课程设计调研时，我们首先要了解学生对课程相关文化内容的掌握程度。通过评估结果，我们可以找出学生不熟悉的部分，并将其纳入教学实践中。

为了实现文化导入与基础教学的有机结合，我们应激发学生在学习英语词汇时的兴趣和需求，让他们自然而然地涉猎相应的文化知识。在这样的基础上进行文化导入，可以达到事半功倍的效果。同时，学生掌握外国文化的背景知识也有助于他们对基础英语知识的理解和掌握。

在课程设置上，我们可以从以下几个方面进行分层设计。

基础知识层：重点教授英语语言知识，如词汇、语法、发音等，为学生打下扎实的英语基础。

文化导入层：根据学生的学习进度和兴趣，有针对性地引入外国文化知识，使学生在学习语言的同时，了解和欣赏不同国家的风俗习惯、历史传统和价值观念。

实践应用层：鼓励学生将所学语言知识和文化知识运用到实际生活中，如参加国际交流活动、观看外国电影、撰写文化随笔等，以提高他们的跨文化交际能力。

深入研究层：针对有兴趣深入学习外国文化的学生，提供更多丰富的阅读材料和课程，如外国文学、艺术、哲学等，满足他们的求知欲。

通过这样的课程设计，我们既能确保学生掌握扎实的英语基础，又能帮助他们全面了解和融入外国文化，提高他们的跨文化交际能力。在学习过程中，学生能够兴趣盎然地探索文化知识，从而更好地理解和运用英语。同时，这也有助于培养他们的国际视野，增强全球竞争力。总之，将文化导入与基础语言教学相结合，是提高学生英语综合素质的有效途径。

二、适合性原则

适合性原则是指在设计和实施文化学习项目时，必须确保教学内容、教学方法等方面与教材紧密相关，以实现高效的文化教学。这一原则主要涉及教学内容、教学方法的两个方面：适度性和协调性。

教学内容的适度性是指在选择文化学习项目时，要充分考虑项目的代表性、主流性和广泛性。代表性是指选取的文化内容能够体现目标文化的特点，使之具有较高的识别度；主流性是指文化项目应关注目标文化当前的核心价值和观念，使之更具现实意义；广泛性是指文化项目应涵盖目标文化的多个领域，如历史、地理、艺术、科技等，以便让学生全面了解和掌握目标文化。

在此基础上，教学内容的引入重点应放在当代文化方面。这是因为当代文化是目标文化发展的最新阶段，能够反映目标文化的现状和未来趋势，有助于学生更好地把握目标文化的精髓。此外，通过引入主流文化和广泛性的文化内容，学生可以更好地理解和尊重不同文化背景下的价值观和行为规范，提高跨文化交际的能力。

教学方法的适度性是指在文化教学中，要协调教师讲解和学生自学的关系，鼓励学生进行大量的课外阅读和实践，以增加文化知识的积累。教师讲解是文化课堂的重要环节，通过系统地讲解，学生可以快速掌握文化知识的基本框架和核心要点。然而，单纯的理论讲解容易使学生感到枯燥乏味，难以激发学习兴趣。因此，教师应适度引入自学环节，鼓励学生通过阅读、实践等方式，主动探索和发现文化知识，以提高学习效果。

适合性原则在教学内容和方法上的体现，有助于实现文化教学的目标，培养学生的跨文化素养。在实际教学过程中，教师应充分关注教学内容的适度性和协调性，注重当代文化的引入，同时调动学生的自主学习能力，实现文化知识的有效传授。

三、持久性原则

随着全球化进程的不断加速，与国际的交流与合作日益频繁，与外国人交流也成为我国人民日常生活的一部分。面对这样的现实情况，我们应当认识到，对外国文化的了解和理解至关重要。

外国文化教育的实施，应以英语教学为载体，将之渗透到英语教学中。这样，学生在学习英语的过程中，就能自然而然地接触到外国文化。在外国文化教育的过程中，我们可以从外国文化与本国文化的差异性入手，引导学生认识和尊重不同文化背景下的价值观、习俗等。通过这种方式，培养学生对差异文化的敏感性和包容心，使他们能够在与外国人交往的过程中，更加自信、从容地应对各种文化冲突和挑战。

为了更好地了解外国文化教育，我们可以在教学实践中加入外国历史背景、外国习俗等案例，让学生深入了解外国文化的来龙去脉。这样一来，学生学习外国文化知识的积极性将被充分调动，从而主动地去了解、探究和学习。通过这种方式，我们有望培养出具有外国文化背景知识、掌握英语技能的全方位人才。

在英语人才培养过程中，教师不仅要教授英语词汇、英语语法等基础理论知识，还要注重培养学生的听、说、读、写、译等实操技能。同时，我们也要将外国文化背景知识加入日常教学中，使学生在学习英语的过程中，自然而然地掌握相关文化知识。这样，学生在实际运用英语进行国际交流时，就能游刃有余地应对各种文化差异。

总之，外国文化教育和英语人才培养两方面教学都至关重要，我们应当投入足够的精力和资源，确保这两方面教育的全面推进。只有这样，我们才能培养出更多具备国际视野、能够胜任国际交流和合作任务的英语人才，为我国在全球化进程中发挥更大作用贡献力量。在此基础上，我国人民在与外国人交往时，才能更加自信、更加从容地面对文化差异，促进国际友谊与合作的发展。

第三节　应用语言学视域下英语跨文化教学的方法

一、文化差异对比法

（一）语言差异对比

中国传统哲学观是"天人合一"，中国"天人合一"的思想崇尚集体主义取向、他人利益取向和以天下为己任的大公无私精神。儒家思想（Confucianism）是集体主义文化的思想根基，汉语文化中更重视一个人是某个集体中的人（a group member）这个概念，所有"个人"被看作是整个社会网中的一部分，强调对群体的忠诚。集体主义者对他直接隶属的组织承担责任，如果不能完成这些责任和任务，他们就会感到丢脸。集体主义者对自己群体内的人很关心，甚至达到舍己救人牺牲自我的地步，对群体外的人则可能会很强硬。集体主义文化把"自我肯定"（self assertiveness）的行为看作是窘迫的，认为突出自我会破坏集体的和谐（harmony）。集体主义文化中强调互相帮助和对集体负责。任何个人的事都要在集体的协助下完成，一个人的事也是大家的事，朋友之间对个人事务要参与和关心。与集体主义

（collectivism）和利他主义（altruism）相伴随的是无私的奉献精神（spirit of utter devotion），当国家、社会和他人的利益与个人利益相冲突时，传统道德价值观往往教育我们要舍弃个人利益，以国家、集体和他人利益为重，把国家、社会和他人的利益放在个人利益之上，这种无私奉献、公而忘私的精神一直受到社会推崇，受到民众敬仰。

西方哲学观自古倾向于把人与大自然对立起来，即天人相分，强调人与大自然抗争的力量。所以，西方重个人主义、个性发展与自我表现。西方的个体主义思想的哲学根基是自由主义（liberalism），它的基本主张是每个人都能做出合理的选择（make well-reasoned choices），有权依照平等和不干涉的原则（equality and non-interference）去过自己的生活，只要不触犯别人的权利，不触犯法律和规章制度，他们有权利追求个人的兴趣和爱好，一个好的公民是守法（law-abiding）和讲究平等的人（egalitarian）。在个人主义高度发达的社会中，它的成员逐渐学会并擅长表达自己的独特性（uniqueness）和自信心（self-confidence and assertiveness），表达个人的思想和情感，对于不同意见公开讨论，这些都是人们看重的交流方式。他们不害怕别人的关注（attention），因为这种关注才能证明他们的独特性。

英汉语言有各自的特点。英语句子有严谨的句子结构。无论句子结构多么复杂，最终都能归结为五种基本句型中的一种（主语+谓语/主语+系词+表语/主语+谓语+宾语/主语+谓语+间宾+直宾/主语+谓语+宾语+宾补）。英语句子结构形式规范，不管句型如何变化，是倒装句、反义疑问句还是there be句型，学习者都可以从中找到规律。英语句子还采用不定式、现在分词、过去分词，引导词，以及连词等手段使句子简繁交替，长短交错，句子形式不至于流散。而汉语句子没有严谨的句子结构，主语、谓语、宾语等句子成分都是可有可无的，形容词、介词短语、数量词等都可以成为句子的主语。一个"走"字，也可以成为一个句子，因其主语为谈话双方所共知，所以不用明示其主语。汉语句子，不受句子形式的约束，可以直接把几个动词、几个句子连接在一起，不需要任何连接词，只要达到交际的语用目的即可，句子形式呈流散型。英汉两种语言的区别概括如图8-1所示。

```
        ┌ 刚性结构 ──→ 形式规范（有规律可循）
        │ 显性    ──→ 运用关联词来体现句子的逻辑关系（形合）
英语  ─┤ 语法型  ──→ 主谓一致、虚拟语气等语法规则（语法生硬，没有弹性）
        │ 主体性  ──→ 句式有逻辑次序，句子重心
        └ 聚焦型  ──→ 用各种手段使句子从形式上聚焦在一起（像一串葡萄）

        ┌ 柔性    ──→ 结构形式多样，比较灵活
        │ 隐性    ──→ 很少用到，甚至可以不用任何形式的连接手段（意合）
汉语  ─┤ 语用型  ──→ 只要达到交际目的即可，以功能意义为主
        │ 平面性  ──→ 长短句混合交错，并列存在
        └ 流散型  ──→ 句子拟断拟连，组成流水句
```

图8-1　英汉两种语言的区别

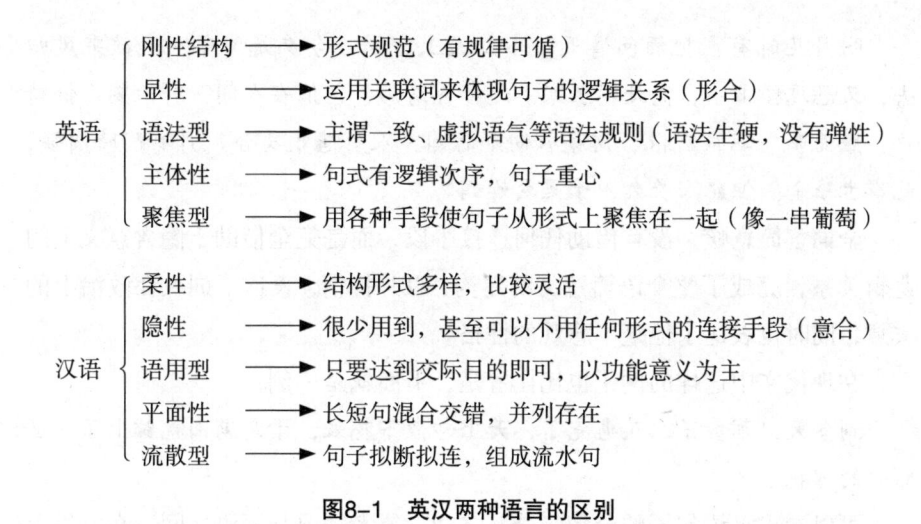

综上所述，英语是以形寓意，汉语则是以神统法。下面就从形合意合、思维模式和句子重心位置等几个方面进行具体阐释。

1. 意合与形合

意合（parataxis）即词与词、句与句的从属关系的连接不用借助于连词或其他语言形式手段来实现，而是借助于词语或句子所含意义的逻辑关系来实现，句子似断似连，组成流水句，语篇连贯呈隐性。中国的唐诗、宋词在建构语篇情境时，采用的就是意合。"形合"（hypotaxis）常常借助各种连接手段（连词、介词、非限定性动词、动词短语等）来表达句与句之间的逻辑关系，句子结构严谨，连接关系清楚。句与句、段落与段落之间彼此关联、相得益彰，像摆在我们面前的一串串葡萄。

（1）意合语言

汉语中很少用到甚至不用任何形式的连接手段，而比较重视逻辑顺序，通常借助词语或句子所含意义的逻辑关系来实现句子的连接，因此汉语是一种意合语言，句与句之间的连接又称"隐性"（implicitness/covertness）连接，汉语句子可以是意连形不连，即句子之间的逻辑关系是隐含的，不一定用连接词，这无论是在中国的唐诗、宋词、元曲等古文作品中，还是在现代文作品以及翻译中都体现得淋漓尽致。

苏轼的《水调歌头》：

明月几时有？把酒问青天。不知天上宫阙、今夕是何年？我欲乘风归去，又恐琼楼玉宇，高处不胜寒。起舞弄清影，何似在人间？转朱阁，低绮户，照无眠。不应有恨、何事长向别时圆？人有悲欢离合，月有阴晴圆缺，此事古难全。但愿人长久，千里共婵娟。

全词言简意赅，没有借助任何连接手段，而是完全借助于隐含意义上的逻辑关系，完成了整个语篇意义的建构，以月抒情，表达了词人在政治上的失意，同时也表达了他毫不悲观的性格。

在现代文中这样的例子也比比皆是，下面就是一例：

到冬天，草黄了，花也完了，天上却散下花来，于是满山就铺上了一层耀眼的雪花。

可以看出汉语句子的分句与分句之间，或者短语与短语之间，在意思上有联系，但用很少的关联词连接每个分句或短语。英语中也有意合结构，但这种情况很少，句子间可以使用分号连接。

（2）形合语言

英语有严谨的句子结构，句型有规律可循（倒装句、反义疑问句、祈使句、疑问句，以及there be句型等），语法严格而没有弹性（主谓一致、虚拟语气、情态动词用法、冠词、介词、代词、名词的格和数、时态及语态等），常常借助各种连接手段（连词、副词、关联词、引导词、介词短语、非谓语动词、动词短语等）来表达句与句之间的逻辑关系，因此英语是一种重"形合"语言，其语篇建构采用的是"显性"（explicitness/overtness）原则。例如：

So far shipment is moving as planned and containers are currently en route to Malaysia where they will be transshipped to ocean vessel bound for Denmark.

译：到目前为止，货运按计划进行中。集装箱货物正在驶往马来西亚的途中，在那里将被转为海运，开往丹麦。

英语中有时需要用and把词与词、句与句连接起来，构成并列关系。如果删掉and，就违背了英语的严谨的句法规则，此句也就变成了病句。但在汉语翻译中，and不必翻译出来，句子的意义的表达也很清晰。

在复合句的表达上，英汉两种语言存在着形合与意合的不同，即在句与句之间的连接成分是否保留上两者有本质区别。英语以形合见长，汉语以意合见长。通过对上面英汉句子的对比，我们可以看出英译汉的过程中一些连接词的省译可以使译文更具汉语意合的特点，反之亦然。也就是说，在进行两种语言的翻译时，要考虑到这两种语言的特点，做必要的衔接连贯手段的增添或删减。

2. 句子重心差异

中国人和西方人截然不同的逻辑思维方式，导致了两种语言句子结构重心（focus of sentence）的差异。英语重视主语，主语决定了词语及句型的选择。主语可以是人也可以是物。西方人还经常使用被动语态来突出主语的重要性。汉语重话题，开篇提出话题，再循序渐进，往往按照事情的发展顺序，由事实到结论或由因到果进行论述，所以在汉语中多使用主动语态。英语重结构，句子比较长，有主句，有从句，主句在前从句在后，甚至于从句中还可以再包含一套主从复合句，句子变得错综复杂。每个句子就像一串葡萄，一个主干支撑着所有的葡萄粒。主句就是主干，通常放在句子的最前面。汉语重语义，句子越精练越好，只要达到表意功能即可。

综上所述，英语句子的重心应该在前，而汉语句子的重心应该在后。这点在翻译中所起的作用是不言而喻的。在翻译过程中，为了突出对方的重要地位，经常使用被动句，把对方放在主语的位置上。为了让对方迅速了解信函的目的，开篇就要点明写作意图，然后再作解释说明。与此同时，必须弄清楚整个句子的句法结构，找到句子的主干以及分清句子中各成分之间的语法关系，即找出句子的主干，弄清句子的主句，再找从句和其他修饰限定，把重要信息放在主句中。例如：

我们打交道以来，您总是按期结算货款的。可是您L89452号发票的货款至今未结。我们想您是否遇到什么困难了。

Please let me know if you meet any difficulty. Your L89452 invoice is not paid for the purchase price. Since we have been working with you, you are always on time。

汉语句子开篇提出话题，然后再说明所发生的事情，最后说明信函的目的，句子重心在后。英语句子则不同，开篇就说明了信函的目的，而且以对方为主，表示对对方的尊重，句子重心在前。

我公司在出口贸易中接受信用证付款，这是历来的习惯做法，贵公司大概早已知道。现贵公司提出分期付款的要求，经考虑改为50%货款用信用证支付；余下的50%部分用承兑交单60天远期汇票付清。

Your request for payment in installments, with 50% of the payment by credit card, and the remaining by D/A 60 days' sight draft, has been granted despite the fact that it's an established practice for our company to accept L/C in our export trade as you probably already know.

汉语由几个短句构成，先谈规则，再谈按照对方要求所做的改动（即最终结果）。英语句子仅仅用了一句话，借助于介词短语、状语从句、方式状语从句等把所有的信息都涵盖了。句子错综复杂，理清句子结构显得尤为重要。句子中最重要的信息被放在了句首，也是句子的主干。为了达到这一目的，句子用物作主语，并使用了被动语态，突出了主句。主句Your request for payment in installments has been granted才是句子的重心。

The J. Paul Getty Museum seeks to inspire curiosity about, and enjoyment and understanding of, the visual arts by collecting, exhibiting and interpreting works of art of outstanding quality and historical importance. To fulfill this mission, the Museum continues to build its collections through purchase and gifts, and develops programs of exhibitions, publications, scholarly research, public education, and the performing arts that engage our diverse local and international audiences.

J.保罗·盖蒂博物馆通过购买或接受赠品来扩大其收藏，开办展览项目，出版作品等方式进行学术研究，开展公共教育，通过表演活动吸引当地观众和国际观众。J.保罗·盖蒂博物馆这样做的目的是通过收集、展览以及诠释高质量的、杰出的、有历史意义的艺术品，来激发人们对视觉艺术的好奇心，促进人们对艺术品的理解和欣赏。

（二）文化差异对比

1.螺旋形思维模式

中国人的思维模式是螺旋式的流散型思维模式。整个思维过程按事物发展的顺序，时间顺序，或因果关系排列，绕圈向前发展，把做出的判断或推理的结果，以总结的方式安排在结尾。也就是先说事实、理由，再得出结论。行文如行云流水，洋洋洒洒，形散而神聚。例如：

昨晚，我厂发生了火灾，虽然最终扑灭，但是部分货物还是受损严重，其中有本打算周末发往您处的沙滩帐篷。我厂将尽快赶制一批帐篷,望您方将收货日期延长至下月月底。

汉语思维:A fire broke out in our warehouse last night. Though it was put out soon, part of the stock was seriously damaged, including the tents which had been intended to send to you this weekend. We will try hard to produce a new consignment, and we hope that you can extend delivery to the end of next month.

英语思维:We will be grateful if you could extend delivery of the tents to the end of next month. A fire broke out in our warehouse last night, and destroyed part of the stock which we had intended to ship this weekend. We are trying hard to produce a new consignment to replace the damaged ones.

我们试着从买方看到汉语思维译本可能做出的反应的角度来分析一下,括号内为买方的可能反应。A fire broke out in our warehouse last night.(Oh, sorry to hear about that.仓库着火,深感同情。)Though it was put out soon, part of the stock was seriously damaged,(still, sorry to hear about that.库存损失严重,还是深感同情。)including the tents which had been intended to send to you this weekend.(What! 什么?我们买的帐篷也烧了?惊愕!)We will try hard to produce a new consignment,(oh, yeah?你们在赶做我们的货啊?)and we hope that you can extend delivery to the end of next month.(Why don't you say it at first? 要推迟交货日期到下月末,哎呀怎么不早说呀!)。

2. 直线型思维模式

在思维方式上,西方人理性思维发达,具有严密的逻辑性和科学性,是直线型思维模式。他们往往以直线推进的方式,进行严密的逻辑分析。在语言表达上表现为先论述中心思想,表明观点,而后再对背景、事件起因、经过、结果等分点阐述说明。在建构语篇时,他们也习惯于开篇就直接点题,先说主要信息再补充说明辅助信息。在翻译过程中,应该按照西方人的思维模式:先点题,再阐述具体信息;结果放前,原因放后;先中心思想,后具体细节信息;先主要信息,后次要信息或辅助信息。例如:

You will receive an itemized statement on the thirtieth of each month, as the enclosed credit agreement specifies.

按照附件中的信用卡使用协议,每月30日收到详细账单。

英语思维方式是先主要信息（receive an itemized statement），后辅助信息（as the enclosed credit agreement specifies）；汉语思维方式是把主要信息放在后面（即每月30日收到详细账单）。

We will open the L/C as soon as we are informed of the number of your Export License.

我们收到你方的出口许可证号，就开信用证。

英语思维方式是先目的（open the L/C），再提条件（we are informed of the numberof your Export License）。汉语思维方式是先提条件（收到你方的出口许可证号），再说明要达到的目的（开信用证）。

二、强化文化意识培养评价

（一）树立正确文化意识培养观念

在当今全球化的时代，教师作为教学过程中的引导者，在教学过程中应持有正确的文化态度观念，以引导学生正确地认识和理解世界。

教师应该包容地吸收世界的历史文化，吸收外国的文化，吸收各国的文明成果。接纳、吸收、借鉴，也是对自己文化充满信心的一种表现。教师应该尊重多元文化，促进学生学习文化知识，帮助学生了解不同国家和地区的文化，培养学生的国际意识和文化敏感性。掌握文化知识，能使我们认识到各种文化的差别，并对其发展的历史与现状有一个清晰的认识；了解文化的涵义，能使我们从社会、历史、经济、宗教等方面对文化的影响进行深刻的认识；通过对两国文化差异的对比，可以对两国文化特点有一个全面的认识，并从中吸取有益的东西；在此基础上，通过对不同文化的吸收，我们可以更加深刻地认识到不同文化之间的差异性和复杂性。中华文化之所以能够长盛不衰，除了其本身的性质与活力外，还有一个很重要的原因，那就是它具有包容的胸怀与包容的精神，这些都是它所独有的一种自信气质。实质上，文化意识就是一种意识、一种文化价值的觉醒。增强文化自觉，要求我们对文化的重要性、地位和作用有深刻的认识，并对文化建设、发展和进步有强烈的责任感。

（二）丰富多元文化意识培养评价

文化意识培养评价，应该从多方面进行。例如，在背诵词汇含义的同时，是否掌握词汇背后的内涵；在了解语法意思时，是否掌握语法的正确使用方法。教师可以在教学过程中，分层次、分板块进行文化意识培养的评价。在备课时，教师应该对课程内容有深刻的了解，不仅要熟悉教材内容，还要深入研究学生文化意识评价，根据学生的实际情况，将文化意识这一目的融入教学目的中，并将其有效地融入课堂中，以此激发学生对文化的兴趣，加深他们对文化的认识。在进行文化对比的过程中，应引导学生增强对本民族文化的认同和理解，让他们认识到本民族文化的独特之处，从而加深他们对本民族文化的深入理解；同时，也要引导学生学习和吸收他国优秀文化，让他们了解不同国家的文化特征和历史背景，从而更好地理解本民族的优秀传统文化。此外，也要肯定和发扬本民族的优秀传统文化，让学生坚定自身的文化自信，努力传承本民族的优秀传统文化。

三、发挥课程资源文化意识培养作用

（一）依托课本，从文化教学的视角实施课堂教学

教师的文化素质在很大程度上对学生产生影响，只有老师自己拥有了良好的文化素质，才能将自己的文化素质有效地传递给学生们。在教学课本时，教师为了教文化知识而踏入机械式教导的教学怪圈。针对这一问题，应该深度剖析文本的文化内涵，强调文化意识在文本中的重要性，以此为主线设计阅读活动，让学生深入了解文本的文化背景和思想内涵，从而提高学生对文化的认识和理解能力。同时，教师也要以科学的方法来引导学生，帮助

他们从文化背景中深入理解课本内容，培养他们的文化素养和人文素养。以文化意识为主线设计阅读活动，可以有效地将语言教学与文化教学相结合，使学生在学习语言的同时也能理解和掌握文本中的文化内涵，从而更好地理解和学习。

（二）延伸课本，以课本为主体拓展教学资源

由于教材的局限性，教师在教学过程中很难完全满足学生学习的需求，特别是在文化教学方面，这种局限性更加明显，使得文化教学的效果不够理想。延伸课本是一种课程开发的路径，指以课本资源为主体，将课堂教学内容进行延伸，通过多种渠道把课本的知识传递给学生，让学生更好地理解和掌握，从而达到提高教学质量的目的。同时，这种延伸也可以作为课堂教学的补充，使课堂教学更加有效，提高学生的学习兴趣和积极性。这就需要老师们采用大量的阅读书籍、网络搜索、积极参与有关的知识讲座等方法来提高自己的文化素质。

（三）超越课本，提升文化教学的灵活性

超越课本作为前两种方式的补充及拓展，它不仅可以有效避免教学内容的滞后性，而且还能使教学方式更加灵活多样，更好地满足学生的需求。超越课本的目标是追求教学内容的鲜活性和教学方式的灵活性，以期让学生能够更好地学习知识，获得更多的思考空间。为了培养学生的文化素质，培养学生的学习兴趣和爱好，应鼓励他们积极参加课外活动，提高他们的综合素质。同时，我们也注重开展社会实践活动，培养学生的社会责任感和创新能力。这样就为学生提供了一个良好的学习环境和氛围，为他们未来发展打下了坚实的基础。要注意增强本地文化的意识，教科书以普遍的文化为主，但是，每个地区的文化都有其自身的特色，要多发掘本地文化的知识，以此为教学内容。参与各类培训及讨论，在参与各类培训和研修活动的过程中，可以与其他专家、学者和教师等展开交流，取长补短，博采众长，进而提升自己的知识和文化素养。

第九章　应用语言学视域下的英语教学评价研究

　　教学评价作为英语教学的一部分，需要不断改进评价手段，以适应社会发展的需求。当前，英语教学存在的突出问题之一就是教学评价手段不完善，因此，英语教学应该完善教学评价体系，使教学评价更为多元化。本章主要研究应用语言学视域下的英语教学评价。

第一节　教学测试与教学评价

教学评价是对收集的教学活动和效果资料，按照既定的客观标准进行衡量和判定，这个过程具有客观性和系统性，本质是判断教学活动和效果的价值。为了得到准确的教学评价结果，作为评价者的教师必须严格按照客观标准的要求完成对教学活动相关资料的收集和测量。

测量是评价者将学生的学习效果进行数量转化，只是利用数学方法对学生学习行为和教师教学活动进行客观的描述，而不确定价值。例如，学生的考试成绩为78分，这个分数只是测量的一个结果，要想判断其价值还需要进行评价。另外教学评价中需要进行测验，测验需要使用测量工具或测量量表。考试只是测验的一个工具，评价则是分析和评判考试结果。

关于评价，很多人会联想到测试、评估，认为三者是同一概念。但是仔细分析，三者是存在一定区别的。简单来说，测试为评价、评估提供依据，评估为评价提供依据，评价是对教学效果的综合评价。三者的关系如图9-1所示。

从图9-1可知，评价与测试、评估的关系非常密切，但也不乏区别的存在。具体来说，可以从如下几个方面理解。就目标而言，测试主要是为了满足教师、家长的需要，便于他们弄清楚自己学生/孩子的成绩。当今社会仍旧以测试为主，并且测试也为家长、教师、学生提供了很多信息。评估主要是为教师与学生提供依据，如学生在学习中遇到什么问题、学生学习的效果如何等，便于教师提升自身的教学质量，也便于学生提升自身的学习效果。评价有助于行政部门对教学资源进行合理配置。显然，三者发挥着不同的作用。

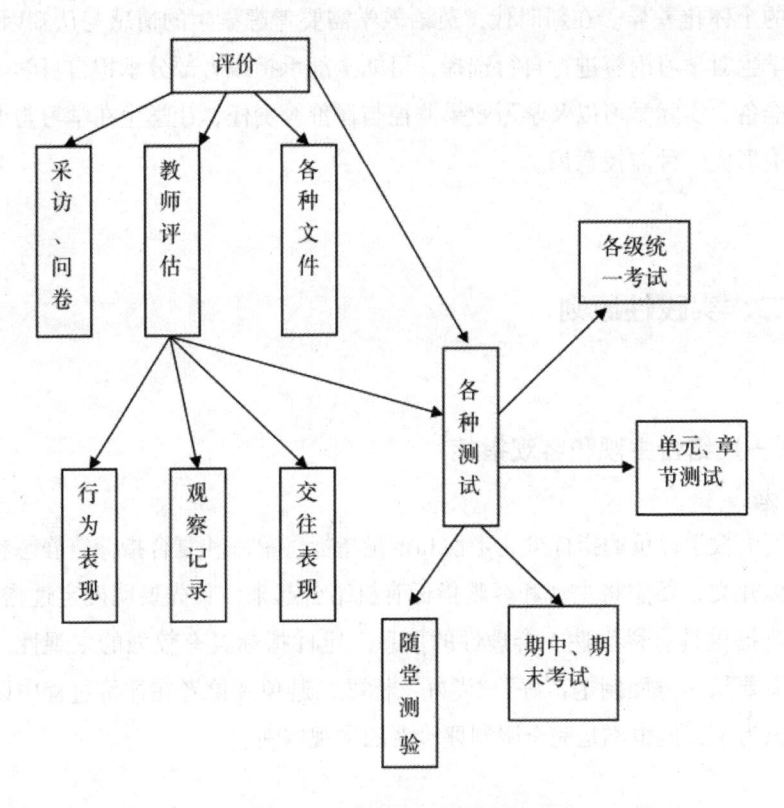

图9-1 评价、评估与测试的关系

第二节 应用语言学视域下英语教学评价的原则

一、主体性原则

英语教学长期存在"费时低效"的情况,其根本原因在于英语教学过分重视教授,而忽视了自主学习,对于标准化与一体化教学过分看重,未重视学生的个体化差异。在新时代，英语教学需要考虑学生的情感与认知因素，允许学生对学习内容进行自行选择，可能全部承担或者部分承担自身学习的前期准备、实际学习以及学习效果监控与评价等责任，让学生在学习与评价过程中形成一种监控意识。

二、实践性原则

（一）结合主观和客观指标

英语教学评价的指标分为定性和定量指标、单一和复合指标、静态和动态指标几类，要想将主观和客观指标有机结合起来，首先要明确定性指标，为评价提供具有科学性、合理性的信息。定性指标具有较强的主观性，因此，需要从多方面制定"好""尚好"标准，避免评价者在评价过程中以主观意识为主，但也不是完全限制评价者的主观判断。

（二）评价指标简约化

设计英语教学评价指标要将英语教学活动的主要方面全面涵盖，但不能设计特别多、特别细的指标。教学评价指标应该简约化，也就是将所有无关紧要的评价指标去除，将关注点放在实质性指标上，这样才能控制好评价成本，使评价效率和质量有效提升。

三、参与性评价

设计英语教学评价指标的时候让学生参与其中，得到他们的认可。学生参与英语教学评价的途径主要有两种：其一，制定和修改英语教学评价指标；其二，运行和执行英语教学评价指标，即学生参与英语教学评价过程。

四、导向性原则

通过建立一套有效的英语教学评价指标体系，可以有效地引领教师的教学行为，使其达到深入探究的目的，从而实现课程的有效实施。这就是导向性原则，它旨在帮助教师更好地实现课程的目标、设计和内容。为了使英语教学评价能够发挥出最大的指导作用，我们必须建立一套先进、科学的教育理念体系，这些理念可能不是完美无缺的，但是应该选择具有代表性和指导性的思想，以确保英语教学评价指标体系的建立具有理论支撑和可靠性。

五、可行性原则

为了确保英语教学评价的准确性，我们需要制定一套完善的、具有可操作性的英语教学评价指标体系。这些指标应该是完全独立的，以便评价人员能够准确地识别出教师的表现，并且能够对其是否进行了深入的教学作出判断，避免出现不必要的纠纷。此外，对于深度教学的评价应该清晰明确，使评价人员能够轻松识别和判断，并迅速区分出教师的教学行为，以便决定是否采用了这种方法。①在进行英语教学评价时，应该确保教学评价指标的简洁明了，避免重复。为了使这些指标更加实用，我们应该确保它们能够适用于所有不同的教学环境和内容。这样，我们才能保证这些指标和标准的可操作性。

---

① 曹一鸣.一堂有深度的教学课[J].人民教育，2006（11）：37.

六、有效性原则

通过建立一个有效的英语教学评价体系，我们可以更好地反映出教学目标，从而提高课堂教学质量。在课堂上，我们应该遵守一定的教学原则，并且按照预先制定的步骤来进行。[①]同时，我们还应该关注创造性的教学内容，因为它们仍然具有一定的发展趋势。在进行教学时，我们需要关注学生的身心健康。由于他们正处于人生的第二个关键时期，他们的身体和精神状态会对他们的学习产生重大影响。因此，我们需要深入了解他们的成长规律，并采取适当的措施来帮助他们更好地完成任务。这也是构建合理的英语教学评价指标体系的基础。

第三节 应用语言学视域下英语教学评价的方法

一、构建英语在线学习评价框架

这里结合学生英语在线学习特点，以优化在线学习评价应用效果为目标，在分析其存在的问题的基础上，对如何从评价主体、标准等维度，优化及构建英语在线学习评价框架进行分析。

---

① 曹一鸣，李俊扬，秦华.我国教学课堂教学评价研究综述[J].教学通报，2011，50（8）：1-5.

（一）英语在线学习评价框架构建的依据

优化及构建框架的依据为上述对学生在线学习现状的调查分析结果，以及对在线学习评价各维度在英语课程应用及效果的分析结果，该"框架"的形成是对优化策略的一种表现形式，主要通过分析各个维度的作用以及维度之间存在的联系，结合英语听说课和读写课的差异，逐步分析并确立各部分的内容要素。

（二）英语在线学习评价框架内容要素的确立

1. 根据英语课程类型选择评价主体

在确立评价主体内容之前，笔者先对国内外比较有影响力的在线学习评价标准进行比较，通过对已有的在线学习评价标准进行分析，发现其中通常包含五个要素，即学生、教师、学习资料、在线学习支撑系统和学习支持与服务系统，保留学生和教师两个要素，并将在线学习支撑系统、学习支持与服务系统两个要素根据本文的研究统称为在线学习平台。在学校的英语在线教学中，考虑到可行性的问题，所能够实现的主体类型只有学生和教师，与传统的课堂教学区别不大，但值得注意的是，在线学习平台这一主体的作用，如钉钉、学习通这一类主体，要积极发挥在线学习平台数据的优势，如观察学生进入课堂的时间、提交作业的时间等。因此，将在线学习评价的框架中评价主体的内容要素确定为学生、教师、学习同伴（学生群体）和在线学习平台。

（1）在线听说课的评价主体选择

听说课包含听力课和口语课两种课程类型，在实际教学当中，通常结合在一起以增强学习效果。对于听力课，教师引导学生在播放录音之前根据问题预判接下来会听到哪些内容、引导学生听细节并且会及时判断结果对错等；对于口语课，发音的标准程度和发音细节的纠正，教师和学习同伴作为评价主体会给予最真实的反馈，同学间的相互评论使在线学习的评价变成一种共享行为，从而推动了真实的观点交换，尤其是在进行英语口语交流和对话时表现得更为突出。此外，通过在线学习平台的数据化优势，它可以有效地记录对学生上传的口语作业的语音或者视频。因此，对于听说课的学习评价，教师作为评价主体的主要作用是对学生学习结果做出分析与判断，在线学习发展的进程中，虽然一直在强调以学习者为中心，而实际的发展的现状表明，在线学习中教师仍然发挥着主要的中心作用。学生同伴作为评价主体的作用是给学生提供更多的学习角度和学习策略，从而增强学生的学习动机，使学生对内容标准有更清晰的认识，并且其所使用的语言、方法通常要优于与老师之间的交流。在线学习平台作为评价主体的主要作用是对学生的各种数据进行精确的记录，并对其进行分析和反馈。

（2）在线读写课的评价主体选择

读写课包含阅读课和写作课两种课程类型。从学生英语学习的现状可知，学生学习状态差且英语基础薄弱，无论是阅读还是写作，教师引导学生分析文章内容结构，判断学生对于知识点的掌握状况都具有一定的权威性，同时，学生可以通过范文标准进行自我评价，判断自己的写作水平，尤其是学生间的相互评价对于写作能力的提高帮助极大，可以在相互交流中查缺补漏，激励和提高学习效率。此外，通过在线学习平台分享阅读资料，通过平台数据观察学生下载情况也可以作为对学生的学习过程和结果的评价。因此，对于读写课的学习评价，教师作为评价主体的主要作用是给予课堂提示和结果反馈，评价学生对于学习任务的完成程度，同时，起到一定的示范作用，学生通过观察教师的评价学习要怎么"评"以及"评"什么。学生本身作为评价主体的作用在于进行学习反思，进而认识到接下来要做什么，让学习过程变得更为乐观，促进独立和求知欲的养成。学生同伴作为评价主体的作用在于弥补从学生自身的角度去思考问题的片面性。同样，在线学习平台仍然是发挥其数据记录作用。

2.根据不同学习活动选择评价方法

通过对英语课程在线学习评价方式使用情况进行调查得知，在笔者整理的九种评价方法（学生自评、同伴互评、教师评价、收集在线学习平台的作业数据、课上小组讨论、课后作业、随机提问、随堂在线测验、考试）中，考试、课后作业、教师评价、同伴互评和学生自评使用较为普遍。然而，为保证评价主体作用的有效发挥，在线学习评价方法应根据不同的学习活动形式而定，比如，知识表现性的学习活动，想要判断学生在面对某一个知识点时的具体表现，比如对单词或者语法的掌握，可以选择利用在线学习平台实施在线检测的方法；或是为检验课程表现的学习活动，想要考察在线学习时学生的学习投入度，这里可以随机提问题，通过学生回答问题的状态进行评价；或是考查学生自我管理能力的学习活动，可以用收集在线学习平台提交的作业作品这样的一些行为数据，这些学习数据，基本上也能够反映出来学生对于自己学习时间的规划。还有信息管理和处理、设计和创造、交流能力、协作能力等都可以用相应的策略来开展具体的评价。

3. 建立促进英语学习的五类评价目的

评价目的是框架的核心组成部分，它能够指导评价过程，并且具有明确的导向作用，不同的课程活动想要达到的学习目的是不同的，这就要求教师在进行具体的在线学习评价方案设计之前，首先要明确评价目的。由于本研究重点关注的是中等教育阶段的英语教育，以促进英语学习的发生为基础，所以在线学习评价目的的内容定义为促进英语学习，旨在达到对学生学习任务方向的引导，要求充分发挥评价的导向、监督、调节和激励作用，帮助学生在已有的知识经验基础上，建立新知识与已有知识的联系，帮助学生及时全面了解自己的学习情况，教师可以根据学生的表现来判断是否已经完成了预定的各项学习任务；通过给予学习者一定的反馈，帮助其调整学习的步调、策略和方法，掌控整个学习过程的节奏，从而达到持续改进的目的；通过对不同程度水平的学生进行鼓励和鞭策，形成一种积极的激励行为，从而激发学生学习的动机。因此，根据九种评价方法（学生自评、同伴互评、教师评价、收集在线学习平台的作业数据、课上小组讨论、课后作业、随机提问、随堂在线测验、考试），对不同方法所能够达到或是要达到的目的逐一进行分析。其中，评价的第一种目的可以是为学生提供一些及时的反馈；第二种评价目的是促进学习者的反思，比如针对某一项写作任务，采用学生自评的方法，其能够达到的目的就是促进反思；第三种是促进学习者的协作，同伴互评和课上小组讨论都能达到此目的；第四种是促进学习者的学习动机；第五种是促进评分公平，也就是形成一定的分数或者成绩。

4. 关注表现性评价和学习行为评价

该维度的内容要素包含英语在线学习参与度、协作性、自主性和知识反馈的四个层面，与问卷维度相对应。笔者认为，线上课应多关注表现性评价和学习行为评价，也就是教师不仅要关注学生在整个学习过程中对知识和技能的掌握，检验学生发现问题、分析问题、解决问题的能力以及团队合作、批判性思维的能力，也要关注学习行为的表现。目的在于让学生清楚地知道线上课具体要怎么做以及自己目前所达到的程度，让学习目标变得更加明确。通常情况下，对于学生来讲，教师的标准就是绝对"权威"的标准，无论能否理解"标准"的真正内涵，学生都会认为老师对自己的学习进行评价具有一定的合理性，无论这种评价是否客观，学生都会接受评价结果，但从上述调查结果可知，教师方面和学生方面都认为在线学习过程当中评价标准对英语学习产生的效果程度低，具体表现为评价标准的统一，忽略了学生个性化差异。为了更好地优化在线学习评价应用效果，建议制定的评价标准语言表达不能过于宽泛，能够确保给予学生有效的反馈，使学生了解教师在教学过程中所要达到的目标。因此，将出勤、在线听课时长、完成课堂任务、小组合作、帮助学生答疑、分享学习资源、克服外界干扰因素、遵守课堂纪律、听课状态和专注度、保持成绩稳定和制定额外学习计划这一类表现性评价和学习行为评价作为评价标准的内容要素（图9-2）。

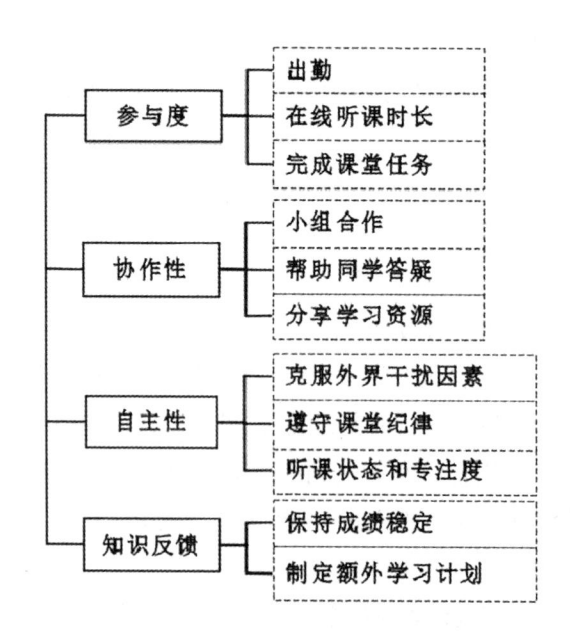

图9-2 评价标准内容要素的框架结构

5.关注评价结果反馈内容结构和反馈时机

从对评价结果反馈对学习产生效果的调查结果来看，同其他维度相比，其在目前的实际应用当中处于较好的状态，所以本研究仅对听说课和读写课反馈的内容结构和反馈时机进行明确。有效的反馈内容结构形式要清晰简洁，指出需要改进的地方并提出值得肯定的部分，考虑到学生学习兴趣低和能力水平问题，反馈应多以鼓励为主。同时还要注意反馈时机，比如，在线课堂中组织学生进行口语练习，那么反馈的时机一定是在学生清楚地表达之后立即给予反馈，进行纠音纠错，也就是所谓的动作完成时；再比如，给学生布置一篇英语短文写作的任务，那么一定要对反馈的时机进行控制，如果立即反馈，学生会觉得评价主体对他的成果没有仔细地阅读和检查，但反馈时间也不宜过迟，要保证在一个固定的周期内，要让学生在反馈中获益。

（三）英语在线学习评价框架内容要素的整合

将学习评价结合英语线上听说课和读写课进行优化分析，并在确立各维度的内容要素之后对其进行整合，最终形成以评价主体、评价方法、评价标准、评价目的和评价结果反馈五个维度为主的英语在线学习评价框架，如图9-3所示。

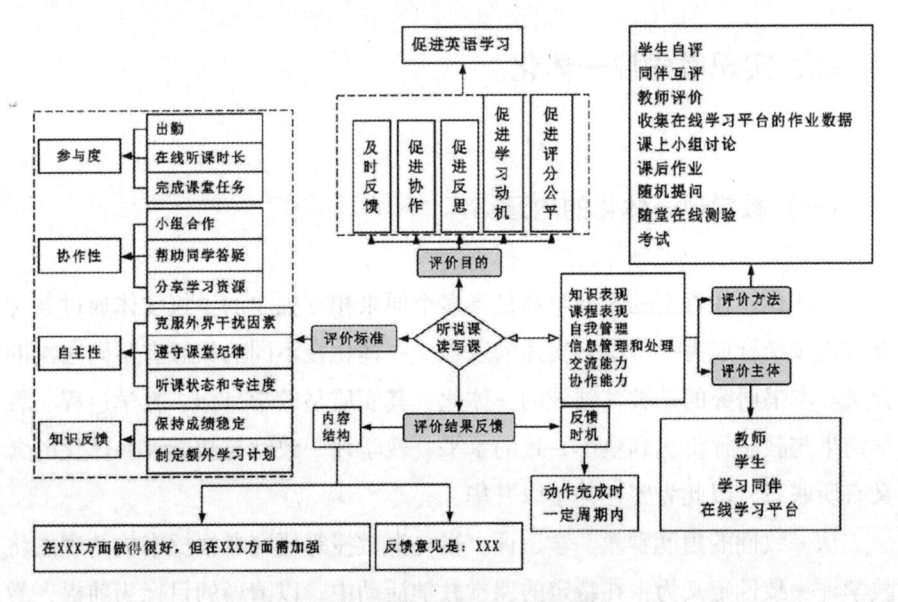

图9-3 英语在线学习评价框架

通过观察整合后的框架结构可以发现，在线学习环境中的一些评价原则和传统学习环境相比既有相似之处也有不同之处。在线学习评价由于其学习过程具备实时同步记录数据的优势，一些评价原则实施和运用的方式发生改变，在以往的评价体系中各要素的优化总是围绕传统英语课堂的表现形式，而职业教育和普通教育相比，其评价标准体系也应该是有所区别的。首先，对于这四类评价主体的选择，除教师和学生群体外，在线学习平台是线上课中最稳定的主体因素，对于不同的课程类型的评价主体选择要多元化，避免只关注于一类主体。其次，要关注学生的表现性评价和学习行为评价，虽然传统学习中对学业成绩的评价已经根深蒂固并且毫不保留地"转载"到在线学习过程中，但这对于学生来说或许意义不大，从本研究中对学生英语在线学习的现状调查可知，部分学生在脱离了校园约束的情况下出现旷课的现象等，因此，笔者认为应该将其纳入过程性评价的指标选择范围内。此外，以上九种评价方法是笔者在对文献资料查阅的基础上，结合教育实习期间英语线上教学经历总结的，建议根据听说课和读写课中不同学习活动的考察方向选择评价方法，同时要考虑在确定某一种评价方法后所能够达到的目的是什么。最后，通过规范内容结构、明确反馈实际来提升评价结果反馈的效度。

二、实现教学评一体化

（一）教学评一体化的内涵

一体化，在百度的名词解释是指多个原来相互独立的主权实体通过某种方式逐步结合成为一个单一实体的过程。一体化在不同的领域有不同层次的含义。本书研究的是教育领域的一体化，其实质是教学目标、教学过程、教学结果与教学评价达到整体一致的水平。教学评一致性与教学评一体化的含义有所联系，以此为鉴，并予以升华。

从一致性的角度看教、学、评。崔允漷教授等研究者根据韦伯的观点将教学评一致性定义为：在特定的课堂教学活动中，以清晰的目标为前提，教师的"教"、学生的"学",以及对学习的评价应与目标保持一致。崔允漷和夏雪梅(2013)从两个方面探讨了教学评一致性的内涵。[①]从教师层面,教学评一致性指在教学过程中,教师的"教"、学生的"学"、对教学的"评价"三要素要与教学目标一致;从教育专家层面,教师的"教"、学生的"学"与考试命题保持教学目标的一致,教学评一致性共同指向有效教学。崔允漷和雷浩(2015)从理论分析层面总结了教、学、评一致性的定义,即由教—学一致性、教—评一致性、学—评一致性三个因素组成,并研究了这三个因素与教学目标的匹配程度。[②]张德伟(2005)认为,评价是教学过程中不可或缺的一部分,教学与评价是不可分割的,评价应贯穿于日常教学的始终,要在恰当的时期以正确的形式进行,评价的目的是提高教学质量和促进学生的发展。卢臻(2015)将教学评一体化分为四个重要的分析问题:学习问题、教学问题、评价问题、匹配问题。[③]她指出无效教学的原因是课标—教学—评价"两张皮",即教学目标游离于教学之外,评价与教学分离,倡导让教学"回家",以课程标准为目标,追求目标—教学—评价的一致性,以评价促教学。《英语课程标准(2020年修订版)》指出:"完整的教学活动包括教、学、评三个方面。教是教师把握英语学科核心素养的培养方向,通过有效组织和实施课内外教与学的活动,达成学科育人的目标;学是学生在教师的指导下,通过主动参与各种语言实践活动,将学科知识与技能转化为自身的素养;评是通过课程标准检测教与学的效果。由此可以看出,"评"是"教"与"学"的手段,而不是最终的目的,其三者一致指向教师的专业发展与学生的个性发展,成为不可分割的有机整体。李亮(2018)认为,在教学中,教师可以通过评价促进教学目标的落实与达成,学生在教师的支持和引导下,自主探究与合作学习达成学习任务目标,发展自身的综合素

---

① 崔允漷,夏雪梅."教—学—评一致性":意义与含义[J].中小学管理,2013,266(1):4-6.
② 崔允漷,雷浩.教—学—评一致性三因素理论模型的建构[J].华东师范大学学报:教育科学版,2015,33(4):15-22.
③ 卢臻.以评价驱动教学——教—学—评一体化教学实践与探索[J].基础教育课程,2015,157(13):6-10+19.

养。①王蔷、李亮（2019）认为，教学评一体化模式对提高教学质量，改善学生学习体验，推动学科核心素养的落实具有重要的意义。教学评一体化模式应该每天都发生在课堂教学中，这样教师教学才更加专业化，学生学习才更有希望，外语教学才能有新的突破。②郭晓悦（2021）认为，应构建教学评一体化生态模式，引导教师关注学习过程，将教学评价融入真实的教学情境中，转变英语课堂的教学观念，优化教学策略，促进学生的发展。③

基于以上学者的研究，我们可以得出教学评一致性与一体化概念的关联所在：第一，原理一致，两者都是为实现有效教学的目的，达到良好的教学效果来进行设计的；第二，指向一致，两者都是指向教学目标，并围绕教学目标设计教学活动、学习活动和评价活动；第三，操作一致，都是将评价活动镶嵌于日常的教与学的活动之中，且教师应给予及时的反馈评价。由此，本研究对教学评一体化作了如下界定：课堂活动前，教师根据课程标准制定教学目标；课堂实施活动中，教师将教—学、教—评、学—评活动演绎于配套的教学设计之中，并最终使两两结合的三要素与既定的教学目标相匹配。

"一体化"可以理解为："两个或两个以上独立运作的个体，采取适当的方式，组成一个紧密衔接、相互配合的整体。"教学评一体化就是教、学、评三个方面融合成一个整体的过程。在基础教育领域，日本是最早提出教学评一体化思想的国家，日本学者水越敏行等④人在20世纪90年代中期就提出了教学要与评价一体化的思想，但是后期并没有对这个概念进行明确的界定。我国学者张德伟⑤随后解读了日本的教学与评价一体化的思想：评价是教学过程中的一个重要环节，评价与教学是一个整体，二者之间不可分离，

---

① 李亮.核心素养背景下教—学—评一体化设计与实践——以高中英语项目式教学为例[J].中小学教师培训，2018，387（10）：62-66.
② 王蔷，李亮.推动核心素养背景下英语课堂教—学—评一体化：意义、理论与方法[J].课程·教材·教法，2019，39（5）：114-120.
③ 郭晓悦.指向教学评一体化的高中英语阅读教学研究[J].海外英语，2021，439（3）：92-93.
④ 水越敏行，奥田真丈.新学校教育全集17·教育指导的评价[M].东京：行政株式会社，1995.
⑤ 张德伟.日本中小学教学与评价一体化原则及其对我国的启示[J].外国教育研究，2005（2）：29-33.

它作为教学过程的一个必要环节而贯穿于教学过程的始终。为学生提供反馈是评价的直接目的，帮助学生缩小自己与学习目标之间的差距，最终促进学生的成长。张德伟教授揭示了教学与评价之间密不可分、相互渗透和相互促进的关系。

唐云波[1]指出教学评一体化把评价看作是整个教学过程中的一部分，其关键作用在于促进学生的学习。教师为了确定学生学到了什么程度以及现有水平和目标之间的差距，采用评价来收集和解释学生学习的证据，帮助学生更好地达到目标，是为了学生的学习而进行的评价。卢臻[2]认为教学评一体化的前提是目标—教学—评价之间的一致性，一体化是对一致性原则的高度概括。

首先，教学评一体化从时间角度来说是同步进行的，因为教学与评价发生于整个课堂活动中。在传统课堂教学中，评价总是滞后于教学或者游离于教学之外。而在教学评一体化中，评价贯穿于整个课堂教学中。其次，从内容角度来说，教、学、评指向共同的目标，使课堂教学朝着统一的方向前进，达到以评促学，以评促教的效果。没有目标，教、学和评就不能统一起来，学生的核心素养也就无从发展。最后，教学评一体化的评价主体不单单是教师，还包括学生和学习共同体。评价应采用多元的评价方式，根据不同的教学内容和不同的学生群体灵活运用。

（二）教学评一体化的实施步骤

教学评一体化在课堂教学中的设计与实施是个复杂的过程，包含着诸多要素，是一个系统的育人工程。在教学评一体化的课堂教学中，教师是系统工程师，是课堂教学的关键。而学生则是这个育人工程的核心，学生在课堂教学中处于中心地位。教学评一体化设计与实施从教学开展顺序的角度看，

---

[1] 唐云波.初中化学"教·学·评一体化"教学模式的构建与实施[J].化学教育，2013，34（6）：50-54.

[2] 卢臻."教-学-评一体化"教学揭秘[J].基础教育课程，2016（7）：8-11+28.

可以划分为三个阶段：教学准备阶段、教学实施阶段和教学反思阶段。[1]

1. 准备阶段

在准备阶段，教师需要作好充足的准备。第一步，教师要基于新课标的理念和要求，分析单元主题、分析教材和分析学情。确定学生学习的起点，明确为什么教，要体现的育人价值是什么。第二步，在对单元、教材和学情分析后，基于学生已有的水平，确定学生与课程标准要求之间的差距，为学生设计合适的教学目标。教师要审视教学目标是否能培养学生的核心素养，是否符合学生的实际发展水平，教学目标是否可操作、可检测和可观测。审视之后，对教学目标进行修改。第三步，教师基于新课标倡导的能够促进学生核心素养发展的英语活动观设计教学活动和评价活动。教学活动可以促进教学目标的实现，评价活动可以检测学生的学习效果。教学活动和评价活动需要与教学目标保持一致，教学与评价不分离，教学与评价共同促进教学目标的实现。

2. 实施阶段

在实施阶段，教师和学生都是课堂的参与者。无论是教学活动，还是评价活动，教师和学生都是课堂的参与者。首先，教学设计是课堂实施的依据，教师要以学生发展为中心，以培养学生解决问题能力为导向，使教学目标在教学活动和教学内容的合理安排下得到落实。其次，教师要采用观察、提问、点评、纸笔测验等方式来评价学生的学习效果，为学生提供及时的反馈。反馈要明确具体，学生能够根据反馈调整学习。最后，评价活动的主体不仅是老师，学生也是评价的主体。在开展评价活动时，教师不仅要向学生明确活动的内容和形式，还要明确评价活动的形式和标准。学生要转变为评价活动的积极参与者，同教师一起参与评价标准的制定，能够根据评价标准进行自评和互评，进而有效调控自己的学习进程。

3. 反思阶段

在反思阶段，教师对课堂教学效果作出评价，判断教学是否达到了预设

---

[1] 王蔷，李亮.推动核心素养背景下英语课堂教—学—评一体化：意义、理论与方法 [J].课程·教材·教法，2019, 39（5）：114-120.

的教学目标，课堂教学还有哪些不足，哪些可以改进的地方，反思并作出调整，为日后教学的改进提供参考。单元学习结束后，通过测试、观察、师生交流、动手操作等方法检测学生在知识、能力、经验和态度上的转变，综合评价学生，全面培养学生的核心素养。

三、教师应采用课堂表扬性评价言语

（一）课堂表扬性评价言语

崔允漷、王涛、雷浩（2022）在对义务教育课程方案解读中指出"评价具有多重功能，最常见的为以下三类，即支持学习、证明个体成就或潜力、评估教育机构或项目的质量"。课堂评价在学生目标制定、学习动力、学习策略、自我效能感等方面有着重要影响。根据学者们的研究，笔者将课堂表扬性言语这一概念定义为：教师在课堂中，对学生的行为、品质、能力、意识等方面的表现进行口头上的鼓励和赞许。目的在于正向引导学生，提升学生的学习兴趣和信心，让学生了解自身的优缺点，提升教学效果，发挥育人功能。

（二）教师表扬性评价言语的问题及原因

1. 教师对学生评价观理解的偏差

通过一线的观察和调研，笔者了解到很多英语教师对课堂表扬行为的认识不足，产生表扬不具体、不真实，频率不适度，话语模式单一的问题。在实际实施表扬行为时，表扬的使用往往过于频繁和单一。这种现象不仅不利于激发学生学习兴趣，还容易导致师生间产生隔阂和对立。因此，如何有效地运用表扬这一语言形式就显得尤为重要。

根据新课改下的学生评价观，教师要以学生为主体，进行发展性评价。既要重视学生的能力，又要全面地考察他们的各个方面，不应采取统一的评

判方法，而应重视其多元化和个人化的评判。很多英语老师仍然习惯于把学生的学习成果和班级里的某些表现当作是对他们的褒奖。教师在教学中存在着对成绩的偏爱，而忽略了对学生的学习进程，从而造成了对班级赞扬的行为倾向的偏离。也有英语教师对新课改下的学生评价观理解不够深入，过于片面化，将"以学生为中心"拓展为"以学生为准则"。英语教师应该控制表扬的频率，并在适当的时候使用，既不应该不重视表扬，也不应该过于频繁地表扬，因为廉价的赞美也会产生反作用。这种做法既不利于提高课堂教学效果，又容易使学生失去学习的激情。

2. 教师表扬言语模式单一

在课堂观察中，一些英语教师在课堂表扬上经常有模糊的表扬语，或是表扬不够准确、针对性不强。究其根源，教师专业知识素养的缺乏是非常重要的原因。在教育教学中，教育者们要有专业知识，有管理学知识，有教育学理论，有教育教学经验，有心理学知识。由于教师缺乏专业知识和能力，因此教师的教学评价往往比较模糊，缺乏目标。出于这个原因，很多中学英语老师常常对学生在课堂上所做的各类生成性答案缺乏把握，难以做出正确的判断，只能用"很好"来概括。归因更偏向于个人能力而不是个人努力方面，不利于促进学生发展。不同的表扬话语模式有不同的功能。教师应该根据教学目标和学习者的语言能力来确定最合适的话语模式，并不断改进话语内容与表达方式。此外，教师还应该保持不同话语模式之间的平衡，尽量避免在英语课堂上过于频繁地使用某一种话语模式。例如，教师如果经常使用"表扬－重复"的话语模式，学生的进一步语言输出就会受到阻碍。因此，教师要尽量使自己的表扬模式多样化，而不是从课堂开始到结束都采用单一的表扬模式。在进行不同模式的表扬时，教师还应该考虑学生个体特征的差异性。如果有些学生在公众面前被表扬时感到尴尬，教师可以选择在私下进行小范围表扬。

3. 教师课堂表扬技巧的匮乏

英语教师"过度口头表扬"和"随意口头表扬"行为的出现，表明教师在教育教学中的使用方式发生了变化，即由原来的"惩戒"向"表扬"转变。所以，在提高学生自信心、积极性等层面上，教师更应多关注有效表扬作用。想要激发学生主体性和主动性，就要让学生了解知识和技能。因为表扬激发作用和鞭策学生实现教育和教学目标,但又表现为工具和目标的分离。目前中学教师的表扬不能仅仅针对学生的学习成绩,还需要强调学生的学习能力、情感、态度和价值观,从而对学生的表现进行综合评价,促进学生的全面发展。因此,建议教师提高评价能力,在英语课堂上积累不同的表扬方式,学会运用精心挑选的表扬词汇,灵活地评估学生的需求和英语课堂的性质,使表扬更加有效。

4. 教师对表扬性话语产生作用的意识的偏差

教育不是外在的强迫和盲目的填充行为,而是作为与学生相联系的体验而存在。每个学生对同一个行为或教学过程的理解不同,每个学生的成长需求不同。杜威(2012)在总结"生命就是发展,发展和成长的过程就是生命"时提到了"发展"这个概念的教育意义,谈到教育,他说:(1)教育过程本身就是目的;(2)教育过程是一个不断重组、调整和转变的过程。只有当这些差异成为一个整体时,才会形成新的知识体系,促进个体的健康发展。所以,教育是学生生活和发展的一部分,教育离不开人,与学生的学习体验联系起来,通过新旧教育经验的冲突、调和、改进、发展,满足学生的成长需求,才能使学生得到真正的发展。"表扬"和"批评"一样,都属于教育方式的类别,但本质却不同于"教育手段",真正的"教育"是为了引导学生的思想发生积极变化。

(三)教师采用课堂表扬性评价言语的对策

法国教育家第斯多惠说过这样的话:"教育艺术的本质不是教书,而是育能育人。"英语教学课堂是教师和学生之间传播和学习知识、交换信息的桥梁,教师在课堂上的表扬性话语对学生的发展起着重要的作用。教师通过积极肯定的语言评价来激发学生渴求知识的愿望,促进学生的自主学习能力提升,促进教学的品质和效率提高。英语是学生未来走向社会的基础,是国际形势下的必然要求,通过英语教育教学活动让学生抓住良好习惯和人格形成的这一关键时期。

1. 教师树立正确的学生评估理念

观念是行动的先导,观念是引导行为的关键。为了使英语教师在课堂上进行科学有效的教学，首先要从老师的思想上重新改变其对教师的固有的认知，并对新课改下的学生的评价进行准确的认知。

英语教师要在实践和反思的推动下，正确理解学生评价观的深刻内涵，避免课堂上表扬言语过度和"人人有奖"的过量。要做到客观真实，不夸张，充分发挥学生学习的主动性和主体性。一方面要通过对教师课堂教学语言进行适当改进，增强课堂表扬有效性。想要提高对学生的评价效果，必须从根本上扭转教师对表扬言语存在的误区。英语教师是评语的发出者，学生是评语接受者，是提高教师专业知识和自身素养的重要因素和保证，也是英语教学中表扬性言语评价是否有效的必然选择。另一方面要注意切实加强对被表扬者的监督管理，建立一套适合教学的有效激励体系。通过多种途径加强对学生表扬行为的引导，使其自觉养成良好的行为习惯。这样才能促进学生全面发展。

2.提高教师专业教学评价能力

英语老师想要提高职业素质，必须拥有高水平的英语专业技能和知识。首先，英语教师的自我评估是提升个人教学能力的一种有效途径。英语教学中，恰当使用课堂口头评价用语非常重要。其次，英语教师自身教学评价语言艺术修养是提高教师专业素养的一大法宝。对英语教师来说，语言艺术的评价是一门必修课。教师表扬评价能力强，能有效提升专业评价能力。如果教师对评价语言修养不高，就会导致目标失败的评价。英语教学过程中使用的各种类别鼓励方式，对加强学生学习兴趣也起到不可或缺的作用。因此，良好的教学评价语言不仅是英语教师的追求，也是学科教师需要提高的一门艺术。

3.教师提升课堂教学表扬言语的技巧

在英语课上，老师们要充分利用自己的创造性，不断地创新教学方式，不断地更新评估方式，使同学们处于一种充满求知欲和挑战性的心态中，使师生在愉快的氛围中进行学习，从而激发英语的学习热情。在中学英语课堂上，英语语言的培养和发展与模拟是分不开的。英语教师的言语行为是学生模仿的对象。对英语教学中的语言活动进行规范化是对表扬言语评估的又一要求。在课堂观察中，能够发现一些英语老师课堂用语较为随意，如"This is who""This is what"等不准确的教学用语和指令，学生在听老师授课的过程中难免以为这些教学用语既然来自较为权威的教师，肯定会认为是正确的表达，会进行模仿。中英文之间本身就存在差异，如果在语言转化过程中都有知识性错误，那会使得学生学习更为困难。因为作者所调查的地区的部分学生整体英语能力普遍偏弱，基本的知识不够扎实，难以准确地传达自己的意思。所以，教师更要充分发挥自己的榜样效应，以标准英语来引导学生。

4. 教师课堂表扬行为需有针对性

潜意识里，每个人都希望得到赞扬，而不愿意接受别人的指责。戴尔卡内基曾说过："我们要改变他人的时候，何不表扬而非要指责？"同理，老师在课堂上的赞扬如果能激起学生的学习热情，那就在适当的时候给予赞扬。教师表扬时也不能只局限于成绩优秀、学习能力强的部分学生，也要去挖掘其他学生的闪光点。

有意识将对个人的表扬变为对小组的表扬。刘弘、王冰（2013）认为，在对学生进行正面的回馈时，要尽量清楚地表达他们的意思，以免引起误解。此外，表扬的时机、对象和话语的使用，也是一柄双刃刀，表扬恰当，能拉近师生之间的关系，激发学生学习的热情。如果表扬无效，就会影响到学生的学习热情。教师在表扬时不要敷衍、不着边际，要做到方法准确、一针见血。表扬是一门艺术，只有讲究艺术性才能收到意想不到的效果。总之，教师应该相信，恰当表扬话语是学生进步的金钥匙。如果在课堂上合理地表扬学生，学生会更加热爱老师，更加热爱学习。

参考文献

[1]汤姆林森.应用语言学与外语教材研发[M].郑晓红,译.杭州：浙江大学出版社,2020.

[2]施密特.应用语言学入门[M].徐晶凝,译.北京：世界图书出版公司,2010.

[3]包懿.应用语言学理论与应用[M].北京：中国原子能出版传媒有限公司,2021.

[4]鲍贵.理解与评价应用语言学实验研究[M].上海：上海交通大学出版社,2019.

[5]柴纹纹.应用语言学与大学英语教学研究[M].北京：北京工业大学出版社,2023.

[6]付静.应用语言学理论在大学英语教学中的应用研究[M].北京：中国商业出版社,2022.

[7]管艳郡,朱荣萍,罗芳.高校英语教学及其语言学应用研究[M].长春：吉林人民出版社,2021.

[8]何冰,陈雪莲,王慧娟.语言学应用与英语课堂教学研究[M].郑州：黄河水利出版社,2020.

[9]何广铿.英语教学法教程：理论与实践[M].广州：暨南大学出版社,2011.

[10]何少庆.英语教学策略理论与实践运用[M].杭州：浙江大学出版社,2010.

[11]何湘君.应用语言学视域下高校英语混合教学实践探究[M].长春：吉林出版集团股份有限公司,2022.

[12]胡丹.英语语言学及应用语言学研究[M].长春：吉林人民出版社,

2021.

[13]刘辉.应用语言学方法进阶[M].哈尔滨：黑龙江大学出版社，2022.

[14]刘辉.应用语言学方法导论[M].哈尔滨：黑龙江大学出版社，2019.

[15]刘曦.基于多维视角的英语语言学理论探索与应用[M].北京：新华出版社，2019.

[16]刘延玫.应用语言学视域下的当代英语教学新探[M].长春：吉林人民出版社，2022.

[17]刘振聪，刁慧莹.应用语言学前沿研究：理论、方法与实践[M].北京：旅游教育出版社，2020.

[18]罗耀华，刘云，谢晓明.应用语言学导论[M].武汉：华中师范大学出版社，2021.

[19]罗毅，蔡慧萍.英语课堂教学策略与研究方法[M].武汉：华中科技大学出版社，2011.

[20]牛立保.应用语言学理论与教学实践研究[M].长春：吉林教育出版社，2021.

[21]潘超.认知视角下英语语言学与应用语言学研究[M].北京：北京工业大学出版社，2018.

[22]孙雯.基于应用语言学理论的高校英语教学研究[M].沈阳：辽宁大学出版社，2022.

[23]王小妹.应用语言学基础及前沿问题研究[M].长春：吉林人民出版社，2021.

[24]文秋芳，林琳.新编应用语言学研究方法与论文写作[M].北京：外语教学与研究出版社，2022.

[25]夏中华.应用语言学：范畴与现况[M].上海：学林出版社，2012.

[26]杨娜娃.应用语言学的发展与大学英语教学的创新研究[M].延吉：延边大学出版社，2021.

[27]张蕾.应用语言学与高校英语教学融合探究[M].长春：吉林出版集团股份有限公司，2023.

[28]张庆宗，吴喜燕.应用语言学导论[M].武汉：湖北教育出版社，2013.

[29]钟倩.应用语言学研究[M].长春：北方妇女儿童出版社，2022.

[30]祝华.跨文化交际探索[M].2版.连美丽,黄剑译.北京:商务印书馆,2023.

[31]Enno Bettinga.应用计算语言学方法对"一带一路"倡议进行语料库分析例[D].北京:北京外国语大学,2023.

[32]陈祥.基于神经语言学的英语专业二外教学探索与研究[J].江苏外语教学研究,2023,(3):16-19.

[33]陈晓龙.应用语言学在当代英语教学中的应用优势及对策分析[J].英语广场,2023,(2):97-99.

[34]樊坤铭.英语教学中应用语言学、语用学及其应用之比较分析[J].现代英语,2023,(5):79-82.

[35]冯志伟,丁晓梅.计算语言学中的语言模型[J].外语电化教学,2021,(6):17-24+3.

[36]葛昕怡.中国儿童语言学的兴起与发展概述[J].青春岁月,2021,(15):28-29.

[37]耿立波,鄢格斐,詹卫东,等.中国计算语言学研究现状与展望[J].语言科学,2021,20(5):491-499.

[38]古丽米拉·阿不来提.应用语言学在当代英语教学中的运用优势[J].英语广场,2022,(15):29-32.

[39]顾晨艺.基于心理语言学的儿童语言研究[J].国家通用语言文字教学与研究,2023,(9):55-57.

[40]郭茹皓.应用语言学与大学英语教学改革[J].校园英语,2020,(11):8.

[41]郭茹皓.整合应用语言学与高校英语教学之间的关系[J].国际公关,2020,(3):99.

[42]何苗.应用语言学视角下的英语文化导入教学探讨[J].海外英语,2019,(20):81-82.

[43]何楠.语言学理论视域下的高校英语语言学教学提升策略[J].校园英语,2019,(34):18.

[44]黄丽华.心理语言学理论在高职高专英语口语教学中的应用研究[J].中国多媒体与网络教学学报(中旬刊),2023,(9):81-84.

[45]贾晓琳.应用语言学视角下英语文化导入教学思考[J].戏剧之家,

2020，（6）：123-124.

[46]李倩倩.试析应用语言学理论下的语言教学[J].科学咨询（教育科研），2020，（4）：57-58.

[47]李荣妮.整合应用语言学与高校英语教学之间的关系[J].海外英语，2021，（16）：82-83.

[48]李葳.应用语言学视角下的英语文化导入教学的实践尝试[J].海外英语，2020，（20）：102-103.

[49]李葳.英语教学中应用语言学的有效应用[J].英语广场，2020，（6）：104-105.

[50]刘安.应用语言学与大学英语教学的关系探究[J].校园英语，2019，（37）：36.

[51]刘丽娟.英语语言学视阈下大学英语教学创新[J].现代职业教育，2022，（10）：85-87.

[52]刘敏.基于应用语言学的英语文化导入教学设计[J].英语画刊（高级版），2019，（30）：64.

[53]刘文艳.浅谈独立院校英语教学中应用语言学的有效应用[J].吉林广播电视大学学报，2020，（11）：91-92.

[54]刘稳亮.应用语言学视角下的英语文化导入教学研究[J].湖北开放职业学院学报，2020，33（17）：175-176.

[55]刘雨晴.关于应用语言学视角下大学英语教学的策略分析[J].山西青年，2021，（16）：87-88.

[56]门悦，郭旭东.应用语言学与大学英语教学改革[J].校园英语，2020，（16）：30.

[57]齐瑞敏.应用语言学视域下英语语法教学与文化导入——评《应用语言学视域下的当代英语教学新探》[J].中国教育学刊，2022，（01）：148.

[58]乔理.基于应用语言学的英语专业教学模式改革研究[C]//《"双减"政策下的课程与教学改革探索》第十二辑.新课程研究杂志社，2022：2.

[59]任瑞娜.新媒体背景下应用语言学与当代英语教学新思考[J].新闻研究导刊，2020，11（18）：200-201.

[60]柔萨尔.语言学在高校英语阅读教学中的应用分析[J].教育现代化，

2020，7（7）：158-159+162.

[61]汪波.应用语言学视角下英语文化导入教学的思考[J].英语广场，2020，（32）：116-118.

[62]王斐.应用语言学在英语教学中的有效运用[J].江西电力职业技术学院学报，2019，32（8）：121-122.

[63]徐海铭，郑雨轩.神经语言学视角下的口译实证研究综述[J].外国语（上海外国语大学学报），2021，44（5）：115-125.

[64]杨蕾.基于应用语言学的高职英语写作教学反思[J].品位经典，2020，（2）：126-128.

[65]杨璐僖.从心理语言学角度探讨英语听力教学策略——图式理论及其应用[C]//外语教育与翻译发展创新研究（14）.四川西部文献编译研究中心，2023：4.

[66]于亮，胡伟，耿立波，等.中国神经语言学研究现状与展望[J].语言科学，2021，20（5）：500-509.

[67]张积家，王斌.义符认知功能的心理语言学探索——三十年研究工作之回顾[J].西北师大学报（社会科学版），2024，61（1）：104-117.

[68]张磊.心理语言学视角下的大学英语微课教学[J].文教资料，2023，（15）：181-185.

[69]张丽霞.跨学科对比应用语言学和社会语言学[J].科教导刊（上旬刊），2020，（4）：48-49.

[70]张瑶.语料库语言学理论在语言教学中的应用——评《语言学理论应用与语言教学的多维研究》[J].外语电化教学，2023，（5）：100.

[71]赵梅林.应用语言学视角下大学英语写作教学研究[J].教育信息化论坛，2022，（9）：54-56.

[72]赵青.应用语言学视角下的英语文化导入教学研究[J].英语广场，2021，（29）：124-127.

[73]赵青.应用语言学在英语词汇教学中的应用研究[J].海外英语，2022，（19）：82-83+91.

[74]赵庶栋.语料库语言学视角下大学英语学习者副词使用研究[J].科教导刊，2023，（30）：82-84.

[75]周敏.基于应用语言学的高校英语写作教学改革[J].学园，2023，16（27）：22-24.

[76]朱晗.基于应用语言学视角下的大学英语写作教学[J].鄂州大学学报，2021，28（3）：25-26+29.

[77]朱军平.基于应用语言学的大学英语教学模式改革研究[J].海外英语，2021，（20）：115-116.